David Van Reybrouck

ODEN

Aus dem Niederländischen
von Waltraud Hüsmert

Mit zahlreichen Abbildungen

Insel Verlag

© 2018 David Van Reybrouck
Originally published by De Bezige Bij Amsterdam
Titel der Originalausgabe: *Odes*

Dieses Buch wurde mit Unterstützung
von Flanders Literature gedruckt.

FLANDERS LITERATURE

Die Arbeit der Übersetzerin am vorliegenden Text wurde
vom Deutschen Übersetzerfonds gefördert.

Erste Auflage 2019
© der deutschen Ausgabe Insel Verlag Berlin 2019
Alle Rechte vorbehalten, insbesondere das
des öffentlichen Vortrags sowie der Übertragung
durch Rundfunk und Fernsehen, auch einzelner Teile.
Kein Teil des Werkes darf in irgendeiner Form
(durch Fotografie, Mikrofilm oder andere Verfahren)
ohne schriftliche Genehmigung des Verlages reproduziert
oder unter Verwendung elektronischer Systeme
verarbeitet, vervielfältigt oder verbreitet werden.
Druck: GGP Media GmbH, Pößneck
Printed in Germany
ISBN 978-3-458-17825-5

INHALT

Ode an die Ex 7
Ode an die nächtliche Autofahrt 11
Ode an das geniale Tastentüfteln 14
Ode an das Offline-Sein 19
Ode an ein Schlachtfeld von Farbe 24
Ode an den verliebtesten Popsong aller Zeiten 31
Ode an die Brüderlichkeit 34
Ode an die namenlose Stelle 39
Ode an die Eifersucht 42
Ode an den Frühling 45
Ode an die Bahnhofsgaststätte 51
Ode an Anne Teresa de Keersmaeker 54
Ode an den schönsten Menschen 60
Ode an meine Narben 64
Ode an Sony Labou Tansi 67
Ode an den Mut 75
Ode an den ungeborenen Nachwuchs 81
Ode an den Lämmergeier 83
Ode an das Trampen 87
Ode an Joost Zwagerman 93
Ode an das Scheitern 96
Ode an Paris 100
Ode an die Konzentration 105
Ode an die Putzfrau 108
Ode an die Eucharistie 111
Ode an den Trost 115

Ode an das Stimmengewirr	119
Ode an das Wiedersehen	122
Ode an den Teppich von Bayeux	126
Ode an David Bowie	130
Ode an die Organspende	136
Ode an unsere religiösen Autoritäten	138
Ode an das Risiko	144
Ode an das Nichtfotografieren	147
Ode an Leonard Cohen	150
Ode an den Umkleideraum	153
Ode an das Zuhören	156
Ode an eine Transperson	163
Ode an die Toten in meinem Telefon	168
Ode an die Wehmut von Wendy Rene	171
Ode an William Kentridge	181
Ode an die Bindungsangst	186
Ode an die niederländische Sprache	189
Ode an die stille Liebe	193
Ode an die Nonchalance	196
Ode an Fatma Aydemir	204
Ode an Arvo Pärt	208
Ode an die älteren Freunde	214
Ode an die Schönheit	217
Ode an die Reue	220
Ode an die fluide Sexualität	223
Ode an Kofi Annan	226
Ode an den Bierdeckel	231
Ode an das Leben	233
Nachwort	237
Bildnachweis	239

ODE AN DIE EX

Und da saßen wir auf einmal wieder. In einem Lokal in Brüssel, letzte Woche Montag. Es war Abend und wir saßen nebeneinander, so wie früher. Beobachteten die Leute, spürten den Schenkel des anderen, dachten an den Satz von Antoine de Saint-Exupéry: »Aimer, ce n'est pas se regarder l'un l'autre, c'est regarder ensemble dans la même direction.«

Ja, wir haben oft in die gleiche Richtung geschaut. Sechs Jahre lang. Bewegt von so vielem, staunend über noch mehr und manchmal einfach nur glücklich mit dem Apfel-Möhren-Ingwer-Saft, den wir sonntagmorgens füreinander pressten.

Und hier saßen wir nun. Nach drei Monaten Schweigen. Sie bestellte ein Glas Portwein. Wie seltsam, das tat sie früher nie. Alles war anders, und doch schien es wie ehedem.

Wer sind eigentlich die Menschen, die wir einst so geliebt haben? Das Wort »Ex« wird den intensiven, vielschichtigen Beziehungen nicht gerecht, die wir mit unseren früheren Lieben haben. Vielleicht sind die beständigsten Beziehungen in einem Menschenleben ja überhaupt mit ehemaligen Partnern möglich. Die Liebe ist vorbei, die Vergangenheit bleibt, so in etwa. Aber warum muss das so oft unerträglich sein? Und mit so viel Verbitterung einhergehen? Kummer, der sich als Härte tarnt. Verlust, der sich als Neid äußert. Todsünde. Die Freundschaft endet doch nicht, weil eine Beziehung vorbei ist? Wenn eine Form nicht mehr passt, verflüchtigt sich doch nicht der Inhalt?

Manchmal fließen Leben zusammen, manchmal fließen sie wieder auseinander. Rodaan Al Galidi schrieb darüber das schönste Abschiedsgedicht der niederländischen Lyrik:

Morgen
gehe ich zu der Frau, die ich liebe
und gebe ihr ihre Flügel zurück.

Natürlich ist es noch besser, wenn diese Flügel während der Beziehung nie verschwunden sind, doch Flügel sind so leicht, man weiß oft gar nicht, ob man sie überhaupt noch besitzt.

Ich habe keine Schwestern, aber ehemalige Freundinnen sind etwas Ähnliches, glaube ich. Frauen, die mich durch und durch kennen, vor denen ich nichts zu verbergen habe, die ich trotz allem immer noch mag. Ich weiß nicht, ob ich mit einer von ihnen noch mal neu anfangen möchte, aber ich weiß genau, dass ich die Zeit mit ihnen um keinen Preis der Welt missen möchte. Sie alle dürfen auf meiner Todesanzeige stehen.

Sie steht auf, um am Tresen noch etwas zu bestellen. Ich denke daran, wie ich vor langer Zeit einmal auf die Idee kam, eine Frau mit den Worten zu verführen: »komm, lass es uns miteinander versuchen, ich werde ein fantastischer Ex sein«, ein Versprechen, das ich sogar gehalten habe. Ich denke an das Wiedersehen mit einer anderen Frau: Schon gleich am Anfang wusste ich wieder ganz genau, warum ich damals mit ihr zusammen sein wollte, gegen Ende war mir wieder völlig klar, warum ich mich von ihr trennen musste. Die Beziehung im Zeitraffer.

Sie steht am Tresen. Ich sehe sie im Profil. Ich muss mich anstrengen, um ihre Schönheit nicht zu sehen. Es gelingt mir nicht. Dann eben Qual. In meinem Kleiderschrank hängen noch immer Dessous von ihr. Einst für sie gekauft, in Paris natürlich. Berauschend schön natürlich. Viel zu teuer natürlich. Ich weiß nicht, was ich damit machen soll. Zurückgeben? Jemand anderem schenken? Der Kleiderkammer spenden? Aber darf sich jemand anders in unsere alten Sehnsüchte hüllen?

Vielleicht sollte ich es besser nach Zagreb schicken. Dort gibt es das Museum of Broken Relationships, vielleicht das anrührendste Museum in ganz Europa. Ein Künstlerpaar hat es nach seiner Trennung gegründet. Was machen wir mit den Sachen, die uns beiden gehören, fragten sie sich. Komm, statt die CDs und Bücher pingelig aufzuteilen und mitzuschleppen als ständig offene Wunde, stellen wir sie einfach aus, als ein Memento unserer gemeinsamen Zeit. Das fand solche Resonanz, dass auch andere nach einem Beziehungscrash Gegenstände an das Museum schickten. Eine Audiokassette, einen Pullover, einen Boarding Pass, ein paar rosa Handschellen und, tatsächlich, eine Axt. Die noch immer wachsende Sammlung ist von herzzerreißender Schönheit.

Wo ist Europa? Dort ist Europa. Ich kenne keinen europäischeren Ort als dieses Museum in Kroatien. Wir sind der Kontinent der Verflossenen. Ich habe es nicht überprüft, aber ich vermute, dass wir die Statistik anführen. Das ist der Preis für die individuelle Freiheit, der wir uns seit der Renaissance erfreuen, und der romantischen Liebe, der wir seit der Romantik frönen. Aber dieses Museum ist auch ein Ort, an dem wir uns mit unserer Stümperhaftigkeit angenommen fühlen und wo wir Trost finden, weil wir uns in den Unvollkommenheiten und im Verlangen anderer wiedererkennen. Dieses Museum ist eine Kapelle, eine Wallfahrtsstätte für all die hitzigen, tropfenden Herzen, die wir sind.

Sie kommt auf mich zu mit der ihr eigenen arglos sinnlichen Art, sich zu bewegen. Sie hat ihr Portemonnaie unter den Arm geklemmt, während sie die zwei Gläser Bier vor sich her trägt. Der seltsame Portwein war nur eine Anwandlung, denke ich. Ich nehme ein Glas entgegen, sie setzt sich wieder dicht neben mich, wir stoßen an, wir lächeln, wir trinken einen ersten Schluck. Und im Hinterkopf höre ich Grillen und Satie und es rauschen die Turbinen der Erinnerung, während sich meine ganze Haut fragt, ob ich diesen Apfel-Möhren-Ingwer-Saft jemals noch mit jemand anderem werde trinken können.

ODE AN
DIE NÄCHTLICHE AUTOFAHRT

Du bist an dem Punkt angekommen, an dem du kein Auto mehr vor dir siehst und keines mehr hinter dir. Der Rückspiegel? Dunkles Glas. Die Autobahn vor dir? Dunkler Asphalt. Du fährst mit eingeschaltetem Fernlicht und atmest tief durch.

Wie oft bist du diese Strecke gefahren? Die Autobahn von Amsterdam nach Brüssel. Für einen Bahnreisenden fährst du erstaunlich gern Auto. Vor allem nachts. Nur nachts eigentlich. Tagsüber: Gezockel, Gewimmel, schlechte Prosa. Nachts: Poesie. Das Brummen des Motors hörst du nicht mehr. Der Abfolge deiner Gedanken folgst du nicht mehr.

Du schwimmst.

Du schwimmst durch das schlafende Land. Du schwimmst und du denkst an deine Kindheit, als du auf dem Rücksitz eingeschlafen bist neben deinem älteren Bruder und erst aufgewacht bist, wenn du die Stimme deiner Mutter gehört hast. Ihre melodiöse Stimme. »Wir sind zu Hause.« Du denkst an deinen Vater, der die Scheinwerfer ausschaltete und den Motor abstellte. Die Augen geschlossen lassen. Nicht wollen, dass es real ist. Sich weiter verbergen wollen im Beutel der Nacht.

Schwimmen. Denken. Denken an die Lesung, die du gerade gehalten hast. Die Freunde, die du getroffen hast. Den Redakteur, mit dem du dich unterhalten hast. Die frühere Liebste, mit der du essen warst. Ihr schallendes Lachen. Die Umarmung zum Abschied. Eine Liebe geht nie zu Ende, denkst du, sie ändert höchstens die Form.

Im Radio läuft ein langsamer, schwüler Song. Danach hast du keine Lust mehr auf Satie oder Philip Glass. Du stellst Radio und CD-Player aus und dimmst die Lichter des Armaturenbretts runter. Das Navi hast du gar nicht erst an der Scheibe befestigt. Du kennst den Weg. Es ist ein ruhigeres Fahren ohne Display, freier vor allem. Dunkler auch.

Das Hollands Diep. Rechts siehst du das dunkle Wasser. In einiger Entfernung: die Lichter einer Raffinerie. Von hier an ist die Autobahn viel leerer, bis Antwerpen. Die Niederlande und Belgien ähneln nachts dem französischen flachen Land am Tag: endlose Leere mit Ackerland und Feldern.

Oder Deutschland. Straßen, Straßen und Straßen und hin und wieder eine Stadt. Was war zuerst da: die Straßen oder die Städte? *Wir fahr'n fahr'n fahr'n auf der Autobahn.* Kraftwerk. Du fragst dich, ob es noch die Sendung gibt, die früher nach Mitternacht im deutschen öffentlich-rechtlichen Fernsehen ausgestrahlt wurde: *Straßenfeger*. Bilder aus einem fahrenden Auto gefilmt. Als säße man mit an Bord von Koblenz nach Hannover und würde durch die Windschutzscheibe blicken. Hin und wieder sah man eine anonyme rechte Hand am Steuer. Man konnte Videos davon kaufen.

Das Schönste aber sind Baustellen. Die Straße wird schmaler. Du drosselst das Tempo. Du fährst zwischen durchgezogenen gelben Linien und matt blinkenden Lichtern. Es gibt keinen Stau, du bist der Einzige. Dann siehst du sie: außerirdisch große Maschinen, die weißes Licht vor sich her schieben. Dampfende Erde. Teerschwaden. Schürfendes Geräusch. Die Schmiede der Götter. Und dazwischen hektische Kobolde mit Schutzhelmen. Nein, das hier ist für mich kein Zeitverlust. Es ist Mythologie.

Gleich darauf öffnet sich die Straße wieder in die Dunkelheit. Deine Scheinwerfer sind ein Schleppnetz für deine Gedanken. Du fährst und lebst in drei Zeitebenen zugleich. Du denkst an morgen. An das, was du tun musst. An heute. An früher. An den Tod natürlich auch, wie so oft. Du fährst und du denkst an Beckett: »I have never been on a road to somewhere. I have just been on a road.«

ODE AN
DAS GENIALE TASTENTÜFTELN

Es ist ein Sommerabend und 1989. Ich gehe mit Peter durch die Straßen von Brügge. Ich bin siebzehn, er achtzehn, und wir kommen gerade aus der Redaktionssitzung einer Literaturzeitschrift, an der wir mitarbeiten. Es ist noch nicht ganz dunkel. Bei einem breiten, weißen, großbürgerlichen Haus stehen die Fenster im ersten Stock offen. Das Zimmer ist hell erleuchtet. Ein so intensives Licht sahen wir noch nie von einer Zimmerdecke sprühen: Es sind die Anfangstage des Halogen-Deckenfluters.

Aber das Merkwürdigste ist der Klang.

Aus den hohen, offenen Fenstern plätschert die wunderbarste Klaviermusik. Klassische Musik ist es nicht, Pop, Rock und New Wave Gott sei Dank ebenso wenig. Wohlgemerkt: Es ist 1989 in Brügge. Mädchen tragen noch immer große, dreieckige Ohrringe, dreieckige Frisuren, dreieckige schwarze Pullover, die eine Schulter frei lassen. Die Schulter ist natürlich knochig und dreieckig. Wenn sie tanzen, drehen sie sich schauderhaft langsam um die eigene Achse – der Saturn rotiert schneller – und fixieren die Schnürsenkel ihrer Springerstiefel, als glaubten sie, dort eine Lösung ihrer Probleme zu finden. Wer sie anspricht – oft genug probiert –, blickt in zwei leere Augenhöhlen, als schaue er durch ein umgedrehtes Fernglas und versuche, mit einem Karpfen zu kommunizieren.

Und dann das hier. Was ist das?

Peter und ich lehnen an der noch warmen Fassade des Hauses gegenüber. Ein Klang wie helles, ungeschliffenes Kristall. Kullernd, stolpernd. Übt hier vielleicht jemand? Komm, wir klingeln. Ein unrasierter Grieche öffnet ziemlich verärgert. »Haben Sie gerade Klavier gespielt?«, frage ich überflüssigerweise. Hinter ihm im Flur hören wir die Musik weiter spielen. Nein, aber na schön, den Namen will er uns aufschreiben. Ich reiche ihm das Notizbuch, das ich als junger Dichter, wie ich meine, immer bei mir haben muss. Keith Jarrett, schreibt er, *The Köln Concert*.

Darf man noch das Lob eines Kunstwerks singen, von dem man als Halbwüchsiger berauscht war? Bei dem man an zahllose Zimmerdecken starrte und die Risse im Verputz seiner Seele zählte? Eine Platte, von der inzwischen fast vier Millionen Exemplare verkauft wurden, die erfolgreichste Jazz-Soloplatte überhaupt?

Ja, das ist erlaubt.

Etwas so lala zu finden, weil es bereits genug bejubelt wurde, ist blasiert. Etwas nicht mehr zu schätzen, weil es nicht mehr als Distinktionsmerkmal taugt, ist snobistisch. Es braucht ja gerade Mut, die Frische eines Klassikers wieder ungeniert sehen zu können und sich zu der eigenen bleibenden Rührung zu bekennen, auch wenn sie nicht besonders originell ist.

Also los: Frische.

Die ersten vier Töne. Sol, re, do, la. Schüchtern, fragend, verhalten. Du hast immer geglaubt, dieses Live-Konzert hätte irgendwo in einem Fußballstadion stattgefunden, dieser Mann hätte irgendwo bei der Mittellinie an seinem Flügel gesessen. Das Coverfoto auf dem Doppelalbum ließ so viel Raum vermuten hinter dem Gesicht mit dem üppigen Haarschopf. Inzwischen weißt du, dass es ein Innenraum war, die Kölner Oper. Freitag, 24. Januar 1975, kurz vor Mitternacht. Wegen einer Opernaufführung konnte das Konzert nicht früher beginnen.

Sol, re, do, la. Das Publikum schmunzelt. Vierzig Jahre später hört man es noch immer auf der Aufnahme. Manche glauben, dass er die Melodie des Gongs imitiert, der die Opernbesucher zu ihren Plätzen ruft. Der neunundzwanzigjährige Jazzpianist Keith Jarrett ist schließlich für seine Improvisationen bekannt. Doch nein, keine Ironie. Der Pianist greift die Phrase auf, arbeitet sie aus, die Melodie steigt an, zerflattert, die linke Hand steuert eine erste Akkordfolge bei. Er hält die Augen geschlossen.

Es ist der 24. Januar 1975. Die seit sieben Monaten die Erde umkreisende sowjetische Raumstation Saljut 3 wird an diesem Tag gezielt zum Absturz in der Erdatmosphäre gebracht. In den Niederlanden ist der Geher Cor Gubbels, geboren 1898, gestorben. Die Zeugen Jehovas haben das Ende der Welt prophezeit, schon zum vierten Mal. Und allerorts herrscht das Jahr der Frau.

Die vierzehnhundert Menschen im Saal wissen nicht, dass das Konzert wenige Stunden zuvor fast abgesagt worden wäre. Jarrett war nachmittags zusammen mit einem Freund, dem deutschen Kontrabassisten und Mitgründer des Labels ECM, Manfred Eicher, in einem R4 aus der Schweiz nach Köln gefahren. Sechshundert Kilometer in einer Sardinenbüchse. Es ist auffallend warm für die Jahreszeit. Als sie ankommen, ist er wie gerädert. Die Veranstalterin des Konzerts entpuppt sich als ein achtzehnjähriges Mädchen, Vera

Brandes. Er hatte sie bei den Vorbesprechungen um einen Bösendorfer Imperial gebeten, doch die Bühnentechniker der Oper haben einen minderwertigen Übungsflügel bereitgestellt. Das Topinstrument stand unauffindbar hinter einer Brandschutztür.

Beim Soundcheck verliert er jeden Mut. Die hohen Töne klingen schrill, die tiefen sind aus Zinn, ein Teil der schwarzen Tasten klemmt, und die Pedale funktionieren auch nicht. Versuche, von irgendwo aus der Stadt einen anständigen Flügel zu holen, scheitern kläglich: Es hat angefangen zu regnen, kein Wetter, um einen Bösendorfer nach draußen zu schicken, keine Versicherung würde für den Schaden aufkommen. Die junge Veranstalterin fleht und droht. Ihre Argumentation sei »nicht jugendfrei« gewesen, räumt sie später ein. Jarrett sagt: »Okay, weil du's bist.« Ein Stimmer macht sich ans Werk und versucht, das Unding aufzumöbeln. Ein Techniker von ECM schleppt zwei Mikrofone an.

Sol, re, do, la. Weil der Stutzflügel viel zu klein ist für den riesigen Saal, muss das Publikum mit voller Aufmerksamkeit lauschen. Das sorgt für eine ungemein konzentrierte Intimität. Jarrett spielt vor allem auf dem mittleren Teil der Tastatur. Doch diese Beschränkung führt zu einem grandiosen, einmaligen Kunstwerk, einem zufällig entstandenen Epos aus Kristall.

Der erste Teil des *Köln Concert* dauert sechsundzwanzig Minuten. Jarrett hat weder eine Partitur noch einen Plan. In den ersten fünf Minuten lässt er so ziemlich alle Emotionen Revue passieren: Melancholie, Freude, Ungeduld, Vitalität – ein *stream of consciousness* in Klängen. Dann, ab der sechsten Minute, kommt Struktur hinein. Jarrett stampft mit dem Fuß auf dem Boden mit, nein, sein ganzes Bein ist es jetzt, das stampft. Wohin führt das? Nirgendwohin, wie sich zeigt: eine Minute später wieder Stille. Doch halt, ab der siebten Minute wird plötzlich ein pulsierendes Motiv geboren, vorwärtsdrängend, heftig. Jarrett wechselt zwischen zwei Akkorden, die sich gegenseitig aufputschen. Es wird pure Erotik. Spielt er diese Akkorde oder spielen die Akkorde ihn? Er steht auf, er muss stöhnen. Es ist kein Gimmick. Es ist sein Körper, der schuftet und genießt. Eineinhalb Minuten dauert diese orgiastische Sequenz. Dann ist es vorbei. Es sind noch keine neun Minuten vergangen.

Die folgende Viertelstunde ist ein einziges langes Nachspiel. Die Musik verschnauft, steht auf, geht pinkeln, kehrt zurück, streichelt einen Rücken, leckt über die Schulter und lacht. Später, bei Minute achtzehn, wird auch noch kurz gezankt, aber es ist nur ein kleines Geplänkel. Der Rhythmus kehrt zurück, sanfter als vorher, die Liebe lodert wieder auf, erst in allerletzter Minute versteckt sich die Musik wieder in einer Ecke, und Keith Jarrett lässt den Raum wieder schrumpfen.

Dass es heute Musiker gibt, die diese Improvisation so exakt wie möglich nachzuspielen versuchen, ist ziemlich lächerlich. Wie kann man so wenig begreifen? Dass Keith Jarrett irgendwann all die Millionen LPs am liebsten hätte schreddern lassen, ist sehr begreiflich: Als Underground-Künstler war er gegen seinen Willen zum Weltstar geworden, es machte ihn im buchstäblichen Sinne krank. Doch dass Generation auf Generation die Schönheit eines magischen Augenblicks weiterhin für sich entdecken kann, ist wunderbar: nicht aus nostalgischer Sehnsucht nach den Siebzigern, sondern aus dem Bedürfnis nach Frische, nach Freiheit, nach Wahrheit.

ODE AN DAS OFFLINE-SEIN

Vorigen Sommer wollte ich den Cambrian Way gehen, eine dreiwöchige Wandertour durch Wales. Doch eine Woche nach meinem Aufbruch stand ich schon wieder auf dem Bahnhof Brussel-Zuid. Es hatte mir nicht gefallen. Vom Regen vertrieben? Nein, es wütete sogar eine Hitzewelle in Wales. Essen ungenießbar? Bei dreißig Grad konnte ich durchaus von Tiefkühlerbsen leben. Landschaft monoton? Im Gegenteil. Herrlich. Aber was dann?

Zum ersten Mal hatte ich auf einer Reise ein Smartphone dabei.

Ich hatte das Ding ein halbes Jahr zuvor gekauft und es erschien mir als recht praktisch, unterwegs B&Bs, Busfahrpläne und Unwetterwarnungen checken zu können. Außerdem brauchte ich dann keinen Fotoapparat mitzunehmen – schon wieder 300 Gramm eingespart.

Tja, eben nicht. Ich war nicht mit leichterem Gepäck unterwegs, sondern trug schwerer. Wenn ich abends im Zelt lag, las ich, was meine Freunde alles auf Facebook geteilt hatten. Statt des bewährten und von mir heiß geliebten Studiums der Wanderkarten ließ ich mich auf ausführliche Chats mit entfernten Bekannten ein und brillierte mit geistreichen Sprüchen und witzigen Kommentaren.

Aber wenn ich anschließend in meinen Schlafsack kroch, spürte ich nicht die wohlige Müdigkeit nach einem anstrengenden Tag in der Natur, sondern eine seltsame Art von Aufregung, als würde hinter meinem Brustbein, dicht beim Magen, ununterbrochen ein Teelicht flackern, so eins mit Batterie.

Ich war nicht in Wales, ich war in meinem Display. Ich war überall und nirgends. Vielleicht ist das ja die Crux des permanenten Online-Seins: Man ist nie mehr wirklich irgendwo. Alles wird zum Hier. Man wird auseinandergezogen, zerfasert, bis eine dünne Schicht von einem über große Teile Europas und noch weiter gespannt ist.

Und das Seltsame war: Ich konnte nichts dagegen tun. Obwohl ich für gewöhnlich recht stabil bis sehr diszipliniert im Leben stehe, schaffte ich es diesmal nicht, diesen idiotischen Umgang mit dem Smartphone zu zügeln. Ich hatte Urlaub, ich war allein und ich war online: eine tödliche Kombination. Es fühlte sich zu schön an, dieser endlose Strom von herzlichen Nachrichten. Es war schlimmer als ein Fernsehbildschirm in einem Wartesaal: Ich konnte nicht *nicht* hinsehen.

Was für ein Unterschied zur Situation zwei Jahre zuvor, als ich die ganzen Pyrenäen durchwanderte. Ich hatte den Zug von Brüssel nach Hendaye genommen, dem letzten französischen Städtchen an der Atlantikküste. Dort nahm ich die SIM-Karte aus meinem altmodischen Handy und schickte sie per Post nach Hause. Im Hochgebirge gab es ohnehin kein Netz. Ich hatte die beste Zeit meines Lebens.

Warum können wir uns so schwer allem entziehen, was uns ablenkt, zur Eile antreibt und auf lange Sicht sogar weniger glücklich macht? Die Antwort ist einfach: Weil es uns kurzfristig glücklich macht oder zumindest uns ein Glücksgefühl beschert.

Wie jeder Mensch denke ich nicht, dass ich eine schwächere Willenskraft habe als andere, doch mein Primatengehirn, das Resultat von einigen Millionen Jahren natürlicher Selektion, ist offenkundig noch nicht an dieses 21. Jahrhundert angepasst. Es schnellt hoch bei jeder kleinen Nachricht, es freut sich über jede kleine App, es giert nach jedem neuen Benachrichtigungston – dem modernen Äquivalent von Pawlows Glocke. Ich vermute, dass sich sogar mein Herzschlag und meine Atmung jedes Mal für einen Moment beschleunigen, wenn etwas Neues ankommt. Vielleicht ist das ja gerade das Problem: Mein prähistorisches Gehirn findet dieses ganze Internet eigentlich ausgesprochen gesellig und unterhaltsam.

Liegt das an mir? An meinem Beruf? An meiner Generation? Wenn man dem belgischen Neuropsychiater und Publizisten Theo Compernolle glauben darf, betrifft es *jeden*, auch die Allerjüngsten. In seinem wichtigen Buch *Ontketen je brein* [Entfessle dein Gehirn] demontiert er den Mythos, dass Kinder besonders gut seien im Multitasking. Man lasse die eine Hälfte der Klasse während des Unterrichts SMS austauschen und die andere Hälfte nicht. Dann höre man den Lehrstoff ab: Die SMS-Kinder erzielen bedeutend schlechtere Leistungen.

Er zitiert eine spektakuläre Studie mit 3500 Mädchen von acht bis zwölf Jahren in den USA. Die Kinder fühlten sich signifikant unglücklicher und unsicherer, je häufiger sie die sozialen Medien nutzten. »Der Gedanke, dass Online-Kommunikation einen reichhaltigen sozialen Raum schafft, der die soziale und emotionale Entwicklung junger Mädchen unterstützt, wird durch unsere Ergebnisse widerlegt«, lautete das Fazit der Forscher.

Theo Compernolle fasste die Resultate von mehr als sechshundert solcher wissenschaftlichen Publikationen zusammen, in etwa so, wie Al Gore es mit den Ergebnissen der Klimaforschung gemacht hat. Sein Fazit ist eine ebenso unbequeme Wahrheit: Sie tut uns nicht gut, diese permanente Vernetzung. Ja, wir können in Windeseile Informationen aufspüren und auf mehreren Kanälen gleichzeitig unterwegs sein, doch unsere Konzentration, unser Wohlbefinden und unsere Kreativität lassen dabei nach.« Wenn Steve Jobs ständig mit seinem iPhone herumhantiert hätte, hätte er nie das iPhone erfunden.«

Nein, Steve Jobs schwor auf lange Spaziergänge.

Einst, als dieses unablässige Bombardement psychosozialer Reize noch nicht losgebrochen war, wird der kleine Schuss Glücksgefühl zweifellos nützlich gewesen sein, doch in Zeiten des Überangebots dreht bei vielen die Mechanik durch. Es ist ein bisschen so wie mit dem Zucker: Da er in der Natur nur selten vorkommt und der Körper ihn in begrenztem Maße benötigt, erleben wir ein Glücksgefühl, wenn wir ihn gelegentlich verzehren. Aber da heute ein totales Überangebot herrscht, können wir es nicht lassen und kämpfen mit Krankheiten wie Adipositas und Diabetes.

Eigentlich bewirken Facebook, Twitter und WhatsApp nichts anderes als Coca-Cola und Pepsi: Sucht. Durch knallrote Punkte, die die Aufmerksamkeit auf sich lenken, durch die Bereitstellung deines Fotos, noch ehe du weißt, ob du auf eine Nachricht antworten willst, durch Begriffe wie »Freunde«, »Follower« und »Likes«, durch »Aktivitätenprotokolle«, »Benachrichtigungen« und persönliche Statistiken begehen sie Missbrauch mit unserem in die Irre geleiteten Gehirn, um eine möglichst große Abhängigkeit von etwas zu erzeugen, das wir nicht ständig benötigen und das uns sogar schaden kann.

Und vielleicht sind wir in einer individualisierten Welt auch einfach einsamer. Und suchen deshalb unser Heil in einem Simulacrum zwischenmenschlichen Kontakts.

Schon seit neun Jahren habe ich ein Büro in einem alten Fabrikgebäude in Brüssel gemietet, einzig und allein, um dort offline sein zu können. Ich habe dort alle meine Bücher und Theaterstücke der vergangenen Jahre geschrieben. Ich finde dort etwas, was zu einer Seltenheit geworden ist: entschleunigte Aufmerksamkeit. Die Tage fühlen sich länger an, ich bin fokussierter und entspannter. Wenn ich abends mit dem Rad nach Hause fahre, weiß ich, was ich an dem Tag getan habe.

Ich habe gezögert, diesen Essay zu schreiben, aber ich vermute, dass es nicht nur mir so ergeht. Dass es eher eine Sache des kollektiven Herumtrödelns als der individuellen Schwäche ist. Trotzdem scheint eine Kultur der Scham zu gedeihen. »Es wird wohl an mir liegen«, hört man dann. Und ich denke: Jedes gesellschaftliche Scheitern wird anfangs als individuelles Scheitern erlebt.

Wir sollten nicht gegen das Internet sein, wohl aber gegen die kritiklose Akzeptanz des Dogmas, dass überall online zu sein stets besser ist. Vielleicht brauchen wir internetfreie Zonen. Vielleicht brauchen wir internetfreie Tage, als Äquivalent zum autofreien Sonntag. Aber was wir vor allem brauchen, ist Mut, um uns mit ein paar unangenehmen Fragen auseinanderzusetzen.

Finden wir es normal, dass das Internet ungebeten unser Leben und unseren Geist derart mit Beschlag belegt? Finden wir es normal, dass die von uns selbst entwickelte Technologie einen so großen Einfluss auf unser Verhalten hat? Sollten wir uns nicht öfter fragen, was die Technologie mit uns macht, statt zu überlegen, was wir mit Technologie machen?

Übrigens: Das Smartphone besitze ich immer noch, aber das permanente Online-Sein habe ich runtergeschmissen. Ich beschränke mich auf WLAN. Und diesen Sommer will ich nach Grönland.

ODE AN
EIN SCHLACHTFELD VON FARBE

Am Freitagabend, 20. März 2015, nahm das Koninklijk Concertgebouw Abschied von Mariss Jansons, dem lettischen Dirigenten, der elf Jahre lang an der Spitze eines der besten Orchester der Welt gestanden hatte. Ich saß im Saal, rechts hinter der Bühne. Während des gesamten Konzerts hatte ich Sicht auf das zweitausendköpfige Publikum, das blonde Königspaar auf dem Balkon, vor allem aber auf die Mimik und Gestik eines phänomenalen Dirigenten. Er begann verhalten mit Berio, verblüffte mit Songs von Aaron Copland und lotste das Orchester nach der Pause durch das aus Stahlblech mit Schweißnähten aufgebaute *Konzert für Orchester* von Béla Bartók. Ein Reiter war er, ein Reiter, der die Wogen lenkte. Schalkhaft, besonnen, staunend. Und stets: liebevoll.

Nach dem Konzert wurde ein monumentales Porträt von ihm

enthüllt. Von meinem Platz aus konnte ich nur auf die Rückseite blicken. Aber ich sah einen vollen Saal nach Atem ringen, hörte mehr als tausend »ooohs«, sah zum ersten Mal im Leben eine stehende Ovation für ein Gemälde.

Ich war erleichtert. War es nicht zu wüst?, hatte ich mich gefragt. Es ist doch eine so würdevolle Institution, dieses Concertgebouw. Das Bild hatte ich im Januar im Atelier des belgischen Malers Sam Dillemans besichtigen dürfen. Es hing inmitten von Landschaften, Akten, Schriftstellern und Boxern. Kalt war es in dem riesigen Atelier, bitterkalt. Der Gasofen schnurrte. Aus dem verabredeten Stündchen wurden mehr als vier Stunden. Ich behielt meinen Mantel an. Wir unterhielten uns über Rubens, Cézanne und Permeke. Während das Tageslicht von grau in dunkelgrau überging, standen wir ab und zu auf und betrachteten das Bild erneut. Wochen hatte er daran gearbeitet. Er sah sich das Ergebnis aus der Nähe an und seufzte: »Es ist ein Schlachtfeld.«

Dann erklärte er mir: »Ich hatte erst eine kleine Vorstudie angefertigt, aber schließlich ist es 1,94 m × 1,40 m groß geworden. Das Gesicht allein ist schon einen Meter hoch. Weißt du, was das bedeutet? Eine große Gefahr der Karikatur. Ehe man sich's versieht, ist es eine *Geisterbahnkulisse*. Und deshalb: keine Attribute, kein Taktstock, nichts. Es ist viermal größer als normal. Und du musst wissen, dass ich zuerst kniend male. Die Leinwand liegt auf dem Boden. Das Foto daneben. Manchmal ist es besser, das Modell nicht zu sehen, nicht zu kennen. Ich habe das Foto auf einem alten Kopierer vergrößern lassen. Die Pixel waren so groß wie Legosteine.« Er schaute hin, schwieg. Dann: »Als ich fertig war, war das Schneiden sehr, sehr schwierig. Zu viel Raum über dem Kopf hätte das Bild geschwächt, aber zu wenig hätte ihn eingesperrt.«

So sieht es von Nahem aus.

Dillemans: »Siehst du die Krusten? Bevor ich angefangen habe, habe ich wochenlang meine Pinsel an der frischen Leinwand abgewischt. Ich arbeite gern auf einem Untergrund, der schon gelebt hat. Das ergibt eine interessante Textur. Für meine dreihundert Schriftstellerporträts habe ich Massen von stümperhaften Bildern im Trödelladen gekauft. Auf denen habe ich gemalt. Man muss sich selbst überraschen, man muss eine gewisse Nonchalance kultivieren. Mein einziges Kriterium ist: Bin ich überrascht von meiner eigenen Arbeit? Lucian Freud, tja, das ist so wenig abenteuerlich, finde ich.«

Während er langsam an seiner dicken Selbstgedrehten zog, fragte ich mich: Wie außergewöhnlich ist das? So eine fabelhafte Technik zu beherrschen und dann nicht in Vollkommenheit zu verfallen? Sich nicht für die Bravheit zu entscheiden? Es wagen, schlampig zu bleiben. Es wagen, unerwartet auszuholen. Treffsicher zuzuschlagen. Sam Dillemans ist ein Boxer. Das macht einen Unterschied.

Wir treten noch etwas
näher heran.

»Hier habe ich die Krusten wieder mit White Spirit abgewaschen. Selbstverständlich. Das ist der Smoking, der sollte glänzen. Aber die geballte Faust, die kommt durch diese *croûte* viel mehr heraus. Das spürt man! Und siehst du die schwarze Linie hier unter dem Handgelenk? Die besteht in Wirklichkeit nicht, aber man braucht sie einfach. Denk sie dir weg, und es fällt völlig zusammen. Und schau, diese weiße Linie, die stand hier schon sehr früh und war, wie sich gezeigt hat, als Mundwinkel furchtbar richtig. So was kann man nicht planen. Wenn man was plant, ist es schon kaputt.«

»Und hier sieht man sogar noch die ursprüngliche Leinwand.«

Von Weitem ein kraftvolles Porträt, ist es von Nahem ein wüstes Durcheinander aus Klumpen und Klecksen. Die Farbpalette und die beiläufige Präzision lassen an Degas denken, vielleicht der größte Maler des neunzehnten Jahrhunderts. Balletttänzerinnen bei dem einen, Boxer und nun auch ein Dirigent bei dem anderen: Bei beiden sind es Körper, die im Kunstlicht leben. Nein, keine Körper. Lichtflecke, die im Dunkeln auftauchen. Risse in der Nacht. Dillemans arbeitet immer nachts, bis drei, vier Uhr, beim Licht einer einzigen Halogenlampe. Auch das macht einen Unterschied.

Wer das Porträt von Mariss Jansons aufmerksam betrachtet, versinkt in Farbe, verliert sich in Pigmenten. Sam Dillemans macht nie Urlaub, geht nie auf Reisen. Warum sollte er? Jedes Bild ist eine Weltreise. Schon seit fünfundzwanzig Jahren unternimmt er Weltreisen in diesem nächtlichen Atelier in Borgerhout. Während das Land schläft, segelt er hinaus. »Wenn ich male, nehme ich Abschied. Von der Zeit, von mir selbst. Ich male, um nicht dazuzugehören, um noch weniger dazuzugehören. Ich lebe manchmal mehr im Jahr 1632 als im Jahr 2015. Aber genauso gut lebe ich im Jahr 2600, verstehst du? Es ist wochenlanges, monatelanges Schuften, um dann einen einzigen Tag Gnade zu erleben. So ist es nun mal. Ich bin nur ein Instrument meiner Farbe.«

Und dann wieder auszoomen. Das Ganze wieder sehen. Den Dirigenten Mariss Jansons. Dessen Verzückung sehen, Ekstase sogar, aber auch einen Anflug von Verzweiflung ahnen. Selbstverlust, Verlangen, Abschied. Was für ein Blick. Was für ein tragischer Blick. Geschaffen aus lauter Schlieren und Licht. Ein schreckliches Schlachtfeld ist es, unerträglich und wunderschön.

Das Porträt kann im Dirigentenfoyer des Concertgebouw besichtigt werden.

ODE AN DEN VERLIEBTESTEN POPSONG ALLER ZEITEN

Vorige Woche ging ich durch das Zentrum von Arezzo, wo ich dringend sein musste, um nichts zu tun. Aus der offenen Tür eines Ladens, der auf Überflüssiges spezialisiert war, ertönte plötzlich die anmutig pulsierende Orgel von Ray Manzarek. Ich blieb stehen, musste lächeln. Wie oft hast du diese Melodie nun schon gehört, dachte ich. Wie kommt es nur, dass sich die meisten Popsongs nach einer Weile abnutzen und dieses luftige Nichts einfach kein Verfalldatum hat?

»Love Street« ist nicht gerade die stärkste Komposition im Repertoire der Doors. Verglichen mit Meilensteinen wie »Waiting for the Sun«, »L. A. Woman« und »The End« ist es nur ein leichtfüßiges Intermezzo. Auf der Doppel-LP, die ich zum vierzehnten Geburtstag bekam, kommt es nicht mal vor. Damals war es eine B-Seite. Live haben The Doors es fast nie gespielt.

So, ich höre es mir noch mal an. Ich liege jetzt in einem Hotelzimmer in Triest. Draußen stehen albanische Migranten auf den Kaimauern und angeln im schwindenden Abendlicht. Draußen tanzen Dutzende Paare Tango auf dem zur Adria abfallenden Steinpflaster. Draußen tummeln sich durcheinander Möwen und Tauben, wie die Jungen und die Mädchen und die Männer und die Frauen und die Hunde und die Sterne dieser schmachtenden, himmlischen und unrettbar verlorenen Stadt.

Die Orgel. Jim Morrisons leicht nölige Stimme. Die erste kleine Bridge von Manzarek. Und wieder denke ich an jene Nacht in Leuven, als ich den Film von Oliver Stone sah. *The Doors*, 1991, Val Kilmer in der Hauptrolle, in der Haut des jungen toten Gottes. Die verliebteste Szene des Films. Jim Morrison hat gerade Pamela kennengelernt, die Frau seines Lebens. Licht, Salz und Zigaretten. Ihr endlos langes Haar. Ihre vollkommenen Augen. Und du denkst: Ja, so wird es einmal sein.

Aber es ist ein Vierteljahrhundert später und du liegst in einem blauen Hotelzimmer in Triest und hörst aufs Neue die Orgel übermütig hüpfen, während unsichtbar das Wasser durch die Rohre des verschlissenen Hotels strömt. Und aufs Neue kommt jenes Parlando-Stückchen vorbei, gerade als sich die Orgel einen Moment zurückhält, um nach Luft zu schnappen, und man kann nichts dagegen tun, dass man durchflutet wird von Hoffnung und Wehmut. Was einst Verlangen war, ist vielleicht ja Erinnerung geworden. Und was einst kommen würde, ist vielleicht ja schon dagewesen. Du sehnst dich, weißt aber nicht, ob nach früher oder nach später.

Du denkst daran, wie sie in Brüssel aus einem Taxi steigen konnte, wie in einem Film der *Nouvelle Vague*, und wie sie mit ihren langen Beinen über eine Pfütze stieg, in der sich die erleuchtete Fassade des Kinos spiegelte. Und du denkst an Stimmen, die du vergessen hast, und an Rücken, die du irgendwann noch sehen wirst. Und dann muss der *key change*, der Tonartwechsel am Ende des Songs, noch kommen. La la la, la la la la.

Es ist zu kurz, denkst du. Es ist der verliebteste Song der gesamten Popgeschichte, und er ist viel zu kurz. Zum Verzweifeln kurz. Und durch die Rohre des Residence Liberty in Triest rauscht das unsichtbare Wasser.

ODE AN
DIE BRÜDERLICHKEIT

Also: Nach der Revolution von 1789 bildet *fraternité* einen der drei zentralen Werte der Französischen Repubik. Nach Sklavenaufständen wird Haiti, das ehemalige Saint-Domingue, im Jahr 1804 als erste Kolonie unabhängig: *Liberté, Egalité, Fraternité*, der Slogan, mit dem auf den Plantagen der Kampf geführt wurde, wird auch dort zum Wahlspruch. 1824 vollendet Beethoven seine 9. Sinfonie: Als Apotheose erklingt die Vertonung eines Gedichts von Schiller. Auf dem dramatischen Höhepunkt skandiert der Chor aus voller Brust: *Alle Men-schen wer-den Brüüü-der.*

Doch seitdem?

Es läuft nicht gerade gut mit der Brüderlichkeit. Als Beethovens *Ode an die Freude* 1985 zur Hymne der Europäischen Union aufstieg, wurde sie prompt ihres deutschen Textes beraubt, genauer gesagt, sie wurde jeglichen Textes beraubt. Sprachpolitische Neutralität und so. Europa ist die einzige politische Konstellation auf der Welt, deren Hymne man höchstens summen kann. Was sagt das aus über dieses politische Projekt? Über den europäischen Bürger? Eine murmelnde, summende Kreatur. So viel zur Mitsprache.

Wer heute die Ideale der Französischen Revolution googelt, erhält dies:

Vrijheid (Freiheit): 10 600 000 Ergebnisse
Gelijkheid (Gleichheit): 566 000 Ergebnisse
Broederlijkheid (Brüderlichkeit): 29 000 Ergebnisse

Auch mit dem in den Niederlanden geläufigeren Wort »broederschap« erzielt die *fraternité* die kleinste Trefferzahl. (Übrigens halte ich »broederschap« nur für eine mäßig gute Übersetzung von *fraternité*. Im Französischen gibt es zwei Wörter: *fratrie* und *fraternité*, Bruderschaft und Brüderlichkeit. Das erste bezeichnet eine Gruppe von Männern, die Freud und Leid miteinander teilen – ein Klosterorden, eine Freimaurerloge, eine Gruppe Hobbits. Erst mit dem zweiten Wort meint man eine universelle Verbundenheit, basierend auf der Gleichwertigkeit von Menschen, die einander nicht zu kennen brauchen.)

Der belgische Ex-Premier Mark Eyskens hat einmal geschrieben, dass die drei Werte der Französischen Revolution schrittweise eingeführt werden: Wenn das neunzehnte Jahrhundert das Jahrhundert der Gleichheit und das zwanzigste das Jahrhundert der Freiheit war, dann würde das einundzwanzigste im Zeichen der Brüderlichkeit stehen.

Ein verheißungsvoller Gedanke, fand ich.

Nur: Wird sich diese Vorhersage auch bewahrheiten? Mit seinem Kampf für das allgemeine Wahlrecht stand das neunzehnte Jahrhundert tatsächlich im Zeichen von mehr Gleichheit, doch Piketty erinnert uns daran, dass auch im einundzwanzigsten Jahrhundert gegen neue Formen von Ungleichheit gekämpft werden muss. Und ja, das Ende des Faschismus, des Kolonialismus und des Sowjetkommunismus brachten, zusammen mit der Entdeckung der Pille und der Waschmaschine, Hunderten Millionen Menschen neue Erfahrungen von Freiheit. Doch dieser Kampf ist noch lange nicht vorbei, das wissen die Menschen von Nordkorea bis zum düsteren Kalifat.

Ein Berg Arbeit liegt also noch vor uns – sollten wir dann schon mit der Brüderlichkeit anfangen? Der Begriff ist im Westen sogar völlig aus dem politischen Sprachgebrauch verschwunden. Man schaue in den Vertrag von Lissabon, die europäische Verfassung, die nicht europäische Verfassung heißen darf. Das Wort vrijheid (Freiheit) kommt darin 26-mal vor. Das Wort gelijkheid (Gleichheit): 10-mal. Das Wort broederlijkheid oder broederschap (Brüderlichkeit oder Bruderschaft)? Gar nicht.

Oder klingt es vielleicht zu sexistisch? Ob es daran liegt? Selbstverständlich ist mit Brüderlichkeit »Brüder- und Schwesterlichkeit« gemeint, doch man weiß ja nie.

Oder ist das Ideal der grundlegenden Verbundenheit vielleicht zu hoch gegriffen für diese pragmatischen Zeiten? Während es bei Freiheit und Gleichheit um Rechte geht, Rechte des Individuums überdies, geht es bei Brüderlichkeit viel mehr um Werte einer Gemeinschaft. Das ist heikel. Im Vergleich etwa zur Rechtsprechung in afrikanischen Ländern war das europäische Recht immer viel zurückhaltender, wenn es um die rechtliche Position einer Gemeinschaft geht. Mehr noch, im politischen Diskurs von heute scheint sogar eine gewisse Hemmung gegenüber so hochgespannten moralischen Kategorien zu existieren. Nur ein Mandela oder ein Obama darf darüber sprechen, am besten auf einer Beerdigung.

Doch was politisch unerreichbar scheint, muss gesellschaftlich nicht unerwünscht sein. Der französische Autor Matthieu Ricard veröffentlichte unlängst ein umfangreiches Buch, *Plaidoyer pour l'altruisme*, in deutscher Übersetzung 2017 erschienen unter dem Titel *Allumfassende Nächstenliebe: ALTRUISMUS – die Antwort auf die Herausforderungen unserer Zeit*. Auf den über neunhundert Seiten trägt er Hunderte Forschungsergebnisse zum prosozialen Verhalten des Menschen zusammen. Der Molekularbiologe Matthieu Ricard hat bei dem französischen Nobelpreisträger François Jacob promoviert und ist der Sohn des Philosophen und *académicien* Jean-François Revel. 1972 ging er nach Indien und Nepal, um sich mit der nichtwestlichen Philosophie auseinanderzusetzen, heute ist er der französische Übersetzer des Dalai Lama und Frankreichs bekanntester Buddhist.

Nach der Lektüre dieses Buchs könnte man konstatieren: Was Thomas Piketty mit seinem Buch *Das Kapital im 21. Jahrhundert* für das Ideal der Gleichheit getan hat, tut Matthieu Ricard nun für das Ideal der Brüderlichkeit. So wie eine wachsende Kluft zwischen Arm und Reich keine naturgegebene Entwicklung ist, sondern das Resultat bewussten politischen Handelns, so ist durch Gewalt, Zynismus und Egoismus geprägtes Verhalten nicht das Einzige, wozu der Mensch imstande ist, sondern auch das Resultat persönlicher und gesellschaftlicher Entscheidungen. Es gibt also eine Alternative. Ricards Buch ist ein einziges langes Plädoyer für Mitgefühl, nicht nur von Mensch zu Mensch, sondern auch von Mensch zu Tier, von Natur zu Natur.

Vor einigen Jahren wurde Matthieu Ricard nach Scans seines meditierenden Gehirns zum glücklichsten Menschen der Welt erklärt. Im vergangenen Jahr durfte ich mit ihm an der Université Libre de Bruxelles diskutieren. Was mir am meisten auffiel, war nicht irgendeine Aura von Weisheit oder Heiligkeit, die ihn umgab, sondern seine vollkommene Alltäglichkeit. Würde er wieder westliche Kleidung tragen, fiele er in der Pariser Metro nicht auf.

Aber mit seinem außerordentlich wichtigen Buch über Altruismus hat er das alte, vergessene Ideal der Brüderlichkeit auf beeindruckende Weise neu definiert und ins einundzwanzigste Jahrhundert getragen.

ODE AN
DIE NAMENLOSE STELLE

Die Schönheit des Körpers wieder besingen.

Auf die Frage: »Po oder Brüste?«, jedes Mal antworten: »der Rücken«.

Die Eröffnungsszene von *Lost in Translation* wieder vor sich sehen. Den göttlichen Rücken. Das Versprechen von allem: einem Gesicht, einer Stimme, einem Busen, einem Rausch von eineinhalb Stunden, nein, eineinhalb Leben. Immer wieder.

Der Rücken weckt den Hunger des Blicks. Denken an frühere Rücken. Die Trittsteine der unteren Wirbel. Die Toskana der Schulterblätter. Deine Finger.

Brüste oder Po. Der große brasilianische Lyriker Carlos Drummond de Andrade war darüber in hohem Alter sehr ehrlich. In dem posthum erschienenen Werk *O Amor natural* entschied er sich, Kind des Samba, eindeutig für die »zwei Zwillingsmonde / in kreisender Bewegung«. Und fügte der Vollständigkeit halber noch hinzu: »Gibt es da noch etwas? Vielleicht die Brüste«.

Wissen, dass manche den Hals vorziehen. Oder die Knöchel. Die Waden. Das Schlüsselbein. Das dreieckige Grübchen neben dem Schlüsselbein. Daraus Cava schlürfen. Und den in ihren Mund tropfen lassen. Aus einer Höhe. Sicher. Trunken machend schön alles.

Aber der schönste Teil des Frauenkörpers hat keinen Namen. Oder jedenfalls nur einen wissenschaftlichen: *musculus gracilis*. Schlanker Muskel. Er gehört zu den Oberschenkeladduktoren und entspringt, so die Prosa der digitalen Volksenzyklopädie, von »einer dünnen Sehnenplatte am vorderen Unterrand der Beckensymphyse und vom unteren Schambeinast«. Man könnte auch sagen: in der Leiste. Doch dieses Wort ist als geografische Angabe genauso vage wie »die Nordsee«. Ein schlanker Muskel also zwischen Schritt und Wade. Bewegt sowohl Leiste als auch Knie.

Besingen wir diese namenlose Stelle. Huldigen wir unserem Verstummen. Halten wir an der Wortlosigkeit fest.

Die Hand an die Innenseite ihres Schenkels legen, hoch an die Innenseite, neben die wartende Wärme. Nicht daran denken, dass es ein Muskel ist. Nicht denken. Einfach fühlen. Eigenartiger Winkel in diesem Bereich voller Rundungen. Als ruhte deine Hand auf dem Rücken eines aufgeschlagenen, umgedrehten Buchs. Hardcover mit geschmeidigen Buchdeckeln. Zwei Flächen, eine für die Finger und eine für die Handfläche. Sanfter Abgrund. Bei jedem Menschen gleich wunderbar. Nicht Schönheitsideal hier, sondern Vollheitsideal. Nicht Passform, sondern Heimkehr. Wissen, dass du dort sein darfst. Wissen, dass du dort angenommen wirst, so nah, berauschend nah.

Und kurz darauf. Zuckerrohrstängel, die du mit den Zähnen aufbrechen möchtest. Durst und Wahnsinn. Wieder greifst du zur

Cava-Flasche. Die Gläser trüben sich. Das Schultergrübchen: festes Glas. Der Nabel: überströmender Kelch, der die Wiesen bewässert. Hier: Du brauchst gar nicht erst anzufangen.

Du nimmst die Flasche und machst einen Anfang.

ODE AN DIE EIFERSUCHT

Et bien voilà, ein Lobgesang auf die meistunterdrückte aller Emotionen. Missgunst hatte schon immer was Tschetschenisches. Fahlgrau und trübe, höchst verdächtig und somit: verboten. Aber warum eigentlich? Wird das Nagen nicht heftiger, wenn man es mit dem Kissen des Anstandes zu ersticken versucht? Ehre der Gefühlsregung, die im Finstern wuchert!

Gestern kam L. zu einem Krankenbesuch. Nach einer Woche mit Carjacking, Schulteroperation und Beziehungsende war das sehr nett. Sie saß auf der Bettkante in dem Souterrain, wo ich vorübergehend wohne. Randgebiet Brüssels. Vor dem Fenster: Rotkehlchen und die ersten Bäume des Zoniënwoud.

Ich kenne L. nicht gut. Dabei möchte ich es so lange wie möglich belassen. Unbestimmtheit sollte man pflegen. Ab und zu ist sie einfach da und erzählt von der Zeit, als sie einen Online-Sexshop betrieb. Jetzt promoviert sie über etwas Poststrukturalistisches an einer französischsprachigen Universität, über das Rhizomische, glaube ich.

Als ich ihr vor eineinhalb Jahren zum ersten Mal in Brüssel-Süd begegnet bin, sagte sie schon nach zweihundert Metern: »Ich bin schrecklich polygam.« Eine Bushaltestelle weiter erfuhr ich, dass sie sowohl einen Mann als auch eine Frau und daneben noch ein paar andere Lebewesen liebte. Und noch mal dreihundert Meter weiter vernahm ich, dass sie Karriere hätte machen können als professionelle Prüglerin in der SM-Szene, etwas, was sie noch hin und wieder erwog, obwohl, Schläge austeilen, das sollte ein Hobby bleiben.

»Du hast alles, um eine große Philosophin zu werden«, sagte ich, denn Perversion als kreatives Abweichen von der gesellschaftlichen Norm bei einvernehmlichem Handeln Erwachsener ist ja öfter ein Beweis von Intelligenz.

Letzten Monat erzählte sie: »Ich hab mal wieder einen jungen Sklaven.« Wir aßen eine Bifi an einer Tankstelle. Nirgends ist die Nacht so schmutzig-orange wie in der Provinz Henegouwen, dem bulgarischsten Teil Belgiens. »Ein Doktorand. Überzeugter Marxist. Gegen alles, was nach Unterdrückung riecht. Aber mich muss er immer siezen«, lachte sie, als wir weiterfuhren, »den ganzen Tag, nicht nur, wenn ich ihn über den Fußboden kriechen lasse.«

Und nun saß sie auf meiner Bettkante. Was macht deine Schulter? Haben sie dein Auto schon gefunden? Sind das die Blumen vom Verlag?

Und dann kam es: »Ich bin zum ersten Mal im Leben eifersüchtig.« Sie prustete vor Lachen. Für ihren bolschewistischen Sklaven interessierte sich seit Kurzem eine Doktorandin, und das konnte sie nun gar nicht ertragen. Dass er es vor ihren Augen mit ihrer eigenen Freundin tat: kein Problem, das war gesellig. Aber dass er einfach so mit einer anderen Frau flirtete! Ich grinste zusammen mit meiner frischen Narbe. Der Herr, der vom Sklaven abhängig wird, der bekannte Prozess. »Hegel hat das auch schon gesagt«, meinte sie missmutig.

Aber das Schönste war: das prustende Lachen. Die aufrichtige Verwunderung. Sie, die so viele Männer, so viele Frauen. Sie, die immer mit anderen, während die anderen wieder mit anderen. Und nun, plötzlich, einfach so, hoppla, eifersüchtig. »C'est bizarre, non?«

Das Problem ist nicht Eifersucht. Das Problem ist das Verbot von Eifersucht im Namen der Höflichkeit, der *beleefdheid*. Seltsames Wort übrigens, »*beleefdheid*«, für etwas, was Erleben, *beleving*, ja gerade verbietet. Wo es doch so befreiend ist, sagen zu können: »Ich merke, dass ich eifersüchtig bin. C'est bizarre, non?«

So unbefangen die eigenen Gefühle betrachten können. Wie ein Tourist einen Wasserfall. Weder be- noch verurteilend. Fasziniert, erstaunt, ja sogar amüsiert über das strudelnde Schauspiel. Wer seine Lust akzeptiert, akzeptiert auch seine Nebelschwaden.

ODE AN DEN FRÜHLING

Langsam aufsprühendes Licht.

Wie kann man es anders nennen? Man fährt mit dem Zug durch das Land und erblickt die Obstbäume.

Feuerwerk am helllichten Tag.

Schäumende Zweige.

Schnaubende Natur.

Und man denkt: Ob das auch durch den Klimawandel kommt? Oder ist es einfach Zufall, dass dieser Frühling, wie die in den vergangenen Jahren, so ein außergewöhnlich intensiver Ausbruch von Weiß und Pastell ist? Der Winter hatte nicht aufgehört zu nerven, wie der Neoliberalismus. Bis es auf einmal genug war. Was folgte, war eine Explosion von Farbe. Buchenblätter, die hastig, noch zusammengefaltet wie ein Akkordeonbalg, aus der Knospe schlüpfen.

Kirschbäume, die im Morgenlicht hell lachen. Gras, so frisch, dass man es im Salat essen möchte.

Und man denkt: Warum kommt dieses überwältigende Schauspiel eigentlich kaum noch in unserer Literatur vor? Man hat längst nicht alles gelesen, doch während in der englischsprachigen Welt *wilderness writing* erfolgreich ist mit Autoren wie David Vann und Robert Macfarlane, während in Frankreich Sylvain Tesson (*In den Wäldern Sibiriens*) und Jean-Christophe Rufin *(Nichts gesucht. Alles gefunden. Meine Reise auf dem Jakobsweg)* die Bestsellerlisten anführen, fällt einem nicht so schnell ein tonangebender Autor aus Flandern und den Niederlanden ein, der es noch wagt, lyrisch über die Natur zu schreiben. Lanoye? Grunberg? Brouwers? Man muss schon zurückgehen zu *Nie mehr schlafen* von 1966, aber selbst dann. Willem Frederik Hermans subarktische Landschaft in Norwegen war eher ein beklemmendes *Huis Clos* als ein Stück unberührter Natur.

Die Natur wurde in den Niederlanden besungen in den Essays von Ton Lemaire, den Romanen von Paul de Wispelaere und den Gedichten von H. H. ter Balkt, gewiss. Gleiches gilt für die Werke von Maarten 't Hart und Koos van Zomeren. Aber wir reden hier ausschließlich von Autoren, die vor oder um den Zweiten Weltkrieg geboren sind. Seither hat in den Niederlanden nur noch jemand wie Gerbrand Bakker Berühmtheit erlangt, im Mainstream der flämischen Literatur bleibt es in puncto Naturerleben ziemlich still.

Ist es heute passé, das flache Land zu lieben? Kann es uns nicht mehr begeistern? Oder begeistert es uns zwar noch, aber schämen wir uns ein bisschen dafür? Fühlt sich die Schönheit der Natur schon ebenso peinlich an wie Brüderlichkeit? Ist es *uncool*, wenn man sich als junger oder etablierter Autor seine Empfänglichkeit dafür eingesteht? Ist dieses Eingeständnis sogleich nicht nur Anerkennen, sondern eine Form von Bekennen, von Sich-Outen sogar?

Die Einzigen, die das noch tun dürfen, sind Sonntagsdichter und Alpinisten. Die einen sind so harmlos, dass sie ungestraft über Lerche und Hirtentäschel sinnieren dürfen, die anderen (dabei fallen einem Bergsteiger wie Bart Vos und Ronald Naar ein) berichten wiederum von so Bedrohlichem, dass es ihnen erlaubt ist. Es hat ja nichts Peinliches, eine Landschaft zu besingen, zu der man bei minus zwanzig Grad und mit gefrorenem Rotz selbst hingekrochen ist.

Doch die Zwischenkategorie, die der regulären Literatur, hüllt sich in unbehagliches Schweigen.

Die zeitgenössische bildende Kunst hat damit immer weniger Probleme. Man denke nur an Olafur Eliasson, den dänisch-isländischen Künstler, der unlängst sein bestes Kunstwerk schuf, als er im Louisiana Museum in Kopenhagen einen Fluss nachbaute.

Die bildende Kunst führt im Grunde einen interessanteren Dialog mit der Landschaft als die Literatur. Auf jeden Fall ist es ein weniger krampfhaftes Schweigen.

Du fährst mit dem Zug von Haarlem nach Den Haag und siehst zum x-ten Mal die Tulpenfelder. Mondriaan, denkst du. Die dunklen Wassergräben, die rechteckigen Felder mit heller Farbe direkt aus der Tube neben abgeernteten Parzellen mit eintöniger Erde. Mondriaan, der in den Himmel schaut.

Und dieses Wochenende fährst du zum Hallerbos bei Brüssel. In den vergangenen Jahren hat sich an diesem Ort ein neues Ritual zum Frühlingserwachen herausgebildet. So wie sich Japaner freinehmen, um die Kirschblüte mitzuerleben, so wie das herbstliche Amerika im Stau steht, unterwegs zum *leaf peeping*, zum Betrachten der feurig roten Ahornbäume von New England, so macht sich die gesamte Hauptstadt Europas Mitte April auf zum Hallerbos, weil dort unter den noch schütteren Birken ein endlos wogender, lilablauer Teppich aus wilden Hyazinthen wächst. Ein absolut psychedelisches Phänomen. Als stünde man zum ersten Mal im Leben in einem Wald, in dem der Himmel nicht nur über den Bäumen hängt, sondern auch auf dem Boden zwischen den Wurzeln liegt. Nicht Waldboden, sondern Firmament. Nicht Humus, sondern Kumulus. Und dieser Eindruck wird noch verstärkt, weil über dem dahingebreiteten Himmel hellgrüne Birkenlaubwölkchen schweben.

So sieht es aus:

Und unwillkürlich musst du an die letzten Bilder von Monet denken, als er in seinem Garten bei Giverny nur noch Seerosen malte oder, genauer gesagt, Lichtflecke von Seerosen, denn er litt am Grauen Star.

Und während du durch den magischen Hallerbos gehst, siehst du zum ersten Mal, wie dieser späte Monet doch verdammt viel dem jungen Jackson Pollock ähnelt. (Einen *späten* Pollock sollte es nie geben: Amerikas wichtigster *action painter* starb 1956 bei einem Autounfall, er war vierundvierzig.) Nie zuvor ist dir das aufgefallen. Es schienen völlig getrennte Welten, die des französischen Impressionismus im späten neunzehnten Jahrhundert und des abstrakten Expressionismus im Nachkriegsamerika. Was hatten sie schließlich auch miteinander zu tun? Monet war ein Mann mit Strohhut, Taschenuhr und einer Staffelei in der Natur, Pollock ein Typ, der mit wüstem Blick, glimmender Lucky Strike und tropfendem Farbtopf über der Leinwand herumwirbelte, die in seinem Atelier auf dem Boden lag.

Nun aber siehst du es. Nun siehst du es richtig. Die Grenze zwischen figurativ und abstrakt ist viel weniger absolut, als der Kunstunterricht uns glauben machen will – hauchdünn ist sie und osmotisch.

Und du entdeckst, dass ein amerikanischer Fotograf, Robert Weingarten, fantastische Aufnahmen von den Holzdielen in Jackson Pollocks Atelier gemacht hat. Und dass diese Dielen selbst voller unerwarteter Kunstwerke sind.

Und du entdeckst, dass die Spritzer auf diesem Holzfußboden in Amerika auch Lichtflecken von Seerosen in Giverny und Hyazinthen in einem Wald bei Brüssel sind. Und du entdeckst, wie die Steine in einem Flussbett das Resultat von *action painting* des Wassers sind. Und du nimmst dir vor, immer ungehemmter, immer freier deine Liebe zur Natur zu besingen.

ODE AN
DIE BAHNHOFSGASTSTÄTTE

Jeder weiß, dass der schönste Bahnhof der Niederlande in Haarlem steht, oder halt, nein, in Groningen, aber niemand hatte mir gesagt, dass Newcastle, wo ich letztes Wochenende hinmusste, eine der prachtvollsten Bahnhofsgaststätten des ganzen neunzehnten Jahrhunderts besitzt. Man denke sich die Plasmabildschirme und Junggesellenabschiede weg, und man sitzt dort wieder beim Frühstück zwischen behäbig schmauchenden Honoratioren mit gusseisernen Backenbärten.

Dieses Gefühl habe ich auch jedesmal, wenn ich das *1ᵉ klas* betrete, das Café-Restaurant am Bahnhof Amsterdam Centraal, eine Oase aus zeitlosem Samt, wo Reisende nur Silhouetten sind und das Stimmengewirr zu unregelmäßigen Zeiten unterbrochen wird, nicht von Ansagen oder Durchsagen, sondern von dem abscheulichen Gekrächze eines obszön großen, weißen Ara, der dort schon so ungefähr seit den Zeiten Thorbeckes an seiner Stange hoch- und runterklettert hinter einem Schild, auf dem in großen Druckbuchstaben steht: NICHT ANFASSEN.

Etwas, was wir in Brussel-Zuid ohnehin nicht haben, weder Verbot noch Papagei. Ein schönes, altes Restaurant wurde dort ersetzt durch *Sam's Café*, dessen Zoo sich auf ein überlebensgroßes Zebra aus Polyester beschränkt, das an einem der Tische auf der Terrasse sitzt und eine Tasse Kaffee trinkt. Es hat keinerlei Bezug zu irgendetwas – und die Terrasse ist nicht einmal draußen, sondern einfach im Bahnhofskorridor, und im Übrigen ist es auch gar kein Zebra, sondern ein *als Zebra verkleidetes Pferd*. Willkommen in Belgien.

Manche Bahnhöfe brauchen nicht einmal ein Restaurant. Nehmen wir Liège-Guillemins. Kein klar denkender Mensch käme auf die Idee, dort die Zeit in einer trübsinnigen Cafeteria mit schaumlosem Bier totzuschlagen, wenn man in einem der schönsten Gebäude aus dem 21. Jahrhundert umherschlendern kann. Denn wo man auch steht, die Blickachsen und die Formen sind verblüffend, jedes Mal anders, jedes Mal überraschend, jedes Mal so schrecklich stimmig. Wie kann Architektur gleichzeitig so klar und so reich sein? Bis ins Kleinste durchdacht und unerschöpflich. Ein sinnlich wogendes Walskelett. Ein träges Fossil, das ganz langsam atmet. Ein Körper, eine Harfe, ein Baldachin, eine Muschel. Und das in Lüttich.

Aber das Allerschönste ist natürlich eine Bahnhofsgaststätte ohne Bahnhof und sogar ohne Züge. Dafür musste ich nach Kinshasa reisen. Der Zug nach Matadi fährt schon seit Jahren nicht mehr, hatte ich gehört, doch manchmal, plötzlich, unversehens taucht er auf, einmal in der Woche, einmal im Monat, niemand weiß es genau, wen interessiert das schon, dann ist es so weit, langsam vorankriechend nähert er sich, immer mit Menschentrauben behängt und mit gelben Kanistern und Zuckerrohrbündeln und Hoffnungen, schrill quietschend auf den rostigen Gleisen. Und vor diesem baufälligen Bahnhof stehen fünf, sechs ausgefranste Sonnenschirme, gelb, rot, blau, und unter einem davon hockt Maman Justine bei einer verbeulten Pfanne, in die sie zwei Eier schlägt und Zwiebeln schnippelt, die in der Hitze des Kohlefeuers zischen, sie wischt sich die Stirn ab und lächelt mich an, Eier sind lecker, sagt sie, und heute fährt kein Zug, möchtest du Piri Piri dazu?

ODE AN
ANNE TERESA DE KEERSMAEKER

Eine Tanzperformance, die neun Wochen dauert, ist das möglich? Absolut. Die belgische Choreografin Anne Teresa De Keersmaeker gehört schon seit Jahren zur Weltspitze, doch was sie mit ihrer Produktion *Work/Travail/Arbeid* realisierte, war von überirdischer Schönheit. Ich hatte gelesen, dass ihre neue Tanzkreation bloß eine Bearbeitung von *Vortex Temporum* sei, einer raumgreifenden Produktion, die ich bereits früher im Antwerpener Kunstzentrum deSingel gesehen hatte. Eine fantastische Aufführung, sicher, aber sollte ich mir anschauen, wie sie aus dieser Vorstellung nun auch eine Ausstellung gemacht hatte? De Keersmaeker ist so aktiv mit ihrer Tanzkompanie Rosas – 40 Produktionen innerhalb von 30 Jahren, die Hälfte davon habe ich gesehen –, dass ich nicht allen Nebenpfaden folgen kann. Bis ich eine SMS von einer Freundin bekam. Sie war gerade im WIELS, dem Zentrum für zeitgenössische Kunst in Brüssel, bei einer Aufführung von *Work/Travail/Arbeid*. »Verblüffend«, schrieb sie.

Drei Tage später saßen wir zusammen auf dem Betonfußboden des WIELS. Die Freundin wollte sich die Vorstellung gleich noch einmal ansehen. Nach ein paar Stunden würde ich verstehen, warum. Wie oft passiert es einem schon, dass man ein Kunstwerk erlebt und allmählich begreift: Hier geschieht etwas, hier entfaltet sich nichts Geringeres als ein Meisterwerk?

Die alte Fabrikhalle des WIELS, einer ehemaligen Brauerei, war gänzlich entkernt. Es gab weder eine Bühne noch Beleuchtung. Nur kahle Wände, nackte Säulen, graues Tageslicht. Dies war das Gedicht »Total weißes Zimmer« von Gerrit Kouwenaar, ins Industrielle übersetzt. Leere, die zum Raum wird:

Lass uns noch einmal das Zimmer weißen
noch einmal das total weiße Zimmer, du, ich

Ein Geiger begann. Knirschendes, tastendes Solo. Nicht schön, deshalb wunderbar. Der Klang von Holz und Pferdehaar, abprallend von altem Beton. Minuten später ein Tänzer. Stille. Weißes Hemd, weiße Hose. Fluoreszierende Schuhe. Fünf Minuten, zehn Minuten, fünfzehn Minuten? Keine Ahnung.

Ich erkannte Anne Teresa De Keersmaekers Formensprache wieder – der Rumpf, der sich nach vorn beugt, der Kopf, der über die Schulter blickt, die Hand, die den Körper führt –, hatte es jedoch nie zuvor von so nah gesehen. Es war vertraut und neu in einem, oder besser: entwirrt.

Die ursprüngliche Vorstellung *Vortex Temporum* dauerte höchstens eine Stunde, vieles geschah simultan. Doch diese Bearbeitung beansprucht neun Stunden – die einzelnen Linien folgten aufeinander. So einfach, so klar. Und da das Museum nur sieben Stunden am Tag geöffnet hatte, begann jeder Tag anders. Neun Tage dauerte es, bis ein Zyklus abgeschlossen war. Die gesamte Ausstellung dauerte neun Wochen. *Work/Travail/Arbeid* ist wahrscheinlich die erste Tanzperformance der Welt, die eine ganze Saison dauert, während sich der Lichteinfall langsam verändert. Die Ausführenden – sieben Tänzer, sechs Musiker und ein Dirigent – spielten auch, wenn kein Publikum da war.

Dies ist eine Welle, überlegte ich mir, eine Welle, die ein Frühjahr dauert. Die Zuschauer, sie, ich, die anderen, sind Teil des Meeres. Wir wogen.

Der Geiger steht hinter dem Tänzer. Sie kreisen langsam umeinander, rückwärts. Der Unterschied verschwimmt: Der Musiker bewegt sich mit dem Tänzer, und der Tänzer folgt der Musik. Tanz und Klang gehen bei De Keersmaeker immer ineinander über, schon seit ihrer ersten Produktion *Fase* (1982) zu Musik von Steve Reich. Rigoroses Partiturstudium ist die Basis der Bewegungen. Nun ist ihr Ausgangspunkt *Vortex Temporum* des französischen Komponisten Gérard Grisey (1946-1998), eines der wichtigsten Werke der Neuen Musik in den vergangenen vierzig Jahren. Es gilt als Höhepunkt der Spektralmusik, einer Strömung, die Musik weniger als Melodie, Tonart oder Rhythmus begreift, sondern vielmehr als dynamischen Klangfluss, als Geräusch, das sich im Verhältnis zur Zeit entwickelt. Grisey selbst sagte darüber: »Ein Ton wird zur Klangfarbe, ein Akkord wird zum Spektralkomplex, und Rhythmus verwandelt sich in eine Woge unvorhersehbarer Tonlängen.« Er verglich seine Komposition mit einem »Schiff, das den Weg von A nach B sucht und seinen Kurs ständig korrigieren muss.« Auch die Musik in dieser Vorstellung ist ein Spiel von Wellen. Mal kurz und hektisch, dann wieder träge und breit.

»Neue Musik ist ein Ausdruck unserer Zeit«, sagte Anne Teresa

De Keersmaeker in einem Interview, »aber sie hat es oft schwer, ein breiteres Publikum anzusprechen. Ich möchte sie beleben und verfügbar machen. Es geht mir nicht darum, das Publikum zu belehren über Musik, die vielen Menschen beim ersten Hören vielleicht nicht gefällt. Ich versuche, meine eigene Erfahrung dieser Musik in Choreografie umzusetzen. Ich möchte die darin verborgene Tanzqualität sichtbar machen.«

Die unbestimmten, subtilen Klangteppiche der Spektralmusik *tanzbar* zu nennen, das erfordert einige Fantasie. Und dennoch: Jeder ihrer sieben Tänzerinnen und Tänzer folgt einem der Instrumente – Klavier, Geige, Bratsche, Cello, Flöte, Klarinette. Der Klavierpart ist so reich, dass es sogar einen Tänzer für die linke und einen für die rechte Hand gibt. Nicht, um die Partitur umzusetzen, sondern um sie *einzusetzen*. Zu verkörpern.

Wir wogen weiter. Wir wogen in dem weitläufigen Raum, den diese Musik eröffnet und erforscht, wie eine Nacht im Wasser unter den Sternen. Und wir sind – ja, was sind wir? Etwas zwischen Seetang und Seelenschmerz. Treibholz, weiß vom Salz.

    also noch einmal dieses Zimmer, das für immer totale
    wie wir dort lagen, liegen, liegen bleiben

Ein Tänzer kommt hinzu. Der Geiger geht in den angrenzenden Raum. Ein Solo. Ein Duett. Eine synchrone Passage. Noch mehr Tänzer. Zeit verflüssigt sich, ich verlangsame mich. Versöhne mich mit dem Suchen. Die Gruppe erstarrt. Die Agierenden folgen einem Netz von Kreisen, die auf den Boden gezeichnet sind und die sie dann und wann mit Kreide und einer Schnur nachzeichnen. Vortex. Wirbel. Abwärtsspirale.

Eine Formensprache von unvergleichlichem Reichtum. Sie gehen, sie drehen sich, sie schwanken, sie fallen – sie lahmen. Und dann be-

ginnt wieder das Neigen, das Reichen, das Strecken – das Loslassen. Nie akrobatisch, immer subtil. Sogar als der Flügel umhergefahren wird, während der Pianist weiterspielt – dunkle, tiefe Töne hallen, schwarzes Holz glänzt –, ist das suggestiv und gemessen.

Dass schwierige, zähe Musik so tief atmen kann. Dass abstrakte Kunst, die nichts mitteilen will, so vollmundig sein kann. Dass zerebraler Tanz, der auf geometrischen Schemata basiert, so anrührend sein kann.

Anne Teresa De Keersmaeker ist jedes Pathos fern. Sie hat zu acht Jahrhunderten Musik getanzt, vom Mittelalter bis minimalistisch, von J. S. Bach zu Joan Baez, doch die romantischen Komponisten des neunzehnten Jahrhunderts hat sie immer ausgelassen. Maßvoll und streng, so ist ihre Kunst. Rothko mit Körpern.

Die Musiker und Musikerinnen gehören zu Ictus, Belgiens bedeutendstem Ensemble für zeitgenössische Musik. De Keersmaeker hatte sie gefragt, ob sie dieses extrem schwierige Werk von Grisey einstudieren wollten. Und ob sie die ersten beiden Sätze auch ohne Partitur spielen könnten, am liebsten eigentlich auch ohne Dirigent. Ginge das? Und seien sie auch bereit, sich zu bewegen? Jean-Luc Plouvier, der Pianist von Ictus, war der Ansicht, zwischen Choreografie und Komposition sei ein »fruchtbares Enigma« bestehen geblieben: »Wie in der Liebe war auch hier das Missverständnis die Norm. Jeder gab, was er nicht besaß.«

Wir sitzen noch immer auf dem Boden. Eineinhalb Meter von mir entfernt beugen sich zwei Tänzerinnen übereinander, totenstill, die Köpfe dicht beisammen. Sie haben gerade ein unwahrscheinliches Duett getanzt, minutenlang. Wie sehen ihre Adern pulsieren. Wir hören sie noch keuchen. Von ihrer Stirn fallen ein paar Tropfen auf den hellgrauen Boden, als würden sie den Beton mit ihrem dunklen Schweiß perforieren.

Jeder gab, was er nicht besaß.

ODE AN DEN SCHÖNSTEN MENSCHEN

Es geschah vor eineinhalb Jahren, und ich habe ihn nur eine Woche lang gekannt.

Wir begegneten uns zum ersten Mal am Tag meines zweiundvierzigsten Geburtstags, und er gab mir das sonderbarste Geburtstagsgeschenk, das ich je bekommen habe, vielleicht, weil er nicht wusste, dass es mein Geburtstag war. Ein Buch mit den Namen, Fotos, Biografien und letzten Worten all jener jungen Tibeter, die sich in den letzten Jahren aus Protest gegen die chinesische Besetzung selbst angezündet hatten. Einer pro Seite. »Es sind inzwischen mehr als hundert«, sagte er mit traurigem Lächeln, »zwei Cousins von mir haben es auch getan.«

Er zeigte mir die ihnen gewidmeten Seiten. Ich sah ihn sprachlos an in dem großen, gläsernen, überwältigend schönen Theatergebäude, das über den Fjord hinaussah. In der Ferne: Berggipfel mit einer Puderschicht Schnee. Das war Reykjavík. Im September. Wir waren hier zum Jahreskongress des PEN International, der weltweiten Vereinigung von Autoren, die für freie Meinungsäußerung eintreten. Er war seit Kurzem zweiter Vorsitzender der PEN-Sektion für tibetische Schriftsteller im Exil, ich war dort als Vorsitzender des PEN Flandern.

Wenige Verbände liegen mir so am Herzen wie der PEN, doch an diesem Abend zog ich es vor, allein essen zu gehen. Kongresse sind oft so hektisch, dass ich wenigstens in Ruhe essen möchte, besonders an meinem Geburtstag. Ich machte es mir in einer Ecke eines anheimelnden, dämmrigen Restaurants gemütlich, und nachdem ich meine Bestellung aufgegeben hatte, las ich in seiner Broschüre. Neunzehnjährige, die auf die Straße gegangen waren, nicht um Aufstände zu entfesseln, sondern um den Lotussitz einzunehmen und sich mit Benzin zu übergießen und mit Stille.

Zweiundvierzig in Reykjavík, dachte ich.

An den folgenden Tagen verlief der Kongress so, wie Kongresse verlaufen. Manchmal spannend. Manchmal bodenlos langweilig. Manchmal geistreich. Die ganze Zeit sah ich Lobsang im Gespräch mit anderen. Er hörte zu, er redete, er zog noch ein Exemplar seines Buchs aus der Schultertasche, er tauschte Erfahrungen und E-Mail-Adressen aus. Er war unermüdlich und dennoch sehr ruhig, sehr friedlich. Ein alter Geist in einem jungen Körper. In den Pausen holten wir uns am Büfett ein Sandwich und tranken zusammen Tee. Ich war acht Jahre älter als er, aber ich fühlte mich so jung neben ihm, auch so unbedeutend. Ich weiß nicht, ob er das gewollt hätte.

Ich vermute, dass es nicht nur mir so erging. Er machte einen unvergesslichen Eindruck auf jeden, mit dem er sprach. Melancholie lag auf seinem Gesicht, doch seine Traurigkeit hatte ihn nicht verbittert. Er war ein buddhistischer Mönch in Tibet gewesen, hatte zu Fuß auf Sneakern den Himalaya überquert – mit etwa fünfzig anderen, manche waren unterwegs gestorben, durch die Kälte, durch die chinesischen Scharfschützen –, um sich nach Nordindien, nach Dharamsala zum Dalai Lama zu begeben. Seine Mutter und die übrige Familie hatte er seit fast zwanzig Jahren nicht mehr gesehen. Einige Angehörige waren inzwischen verstorben. Sein Land, seine Liebe, seine Cousins: alles verloren. In Dharamsala erforschte er alttibetische Texte und setzte sich für das Recht auf freie Meinungsäußerung ein.

Und er war außerordentlich sanftmütig. Nicht nur höflich oder freundlich, denn das kann eine Äußerlichkeit sein, sondern voller aufrichtigem Mitgefühl, ein Wort, das wir viel zu selten benutzen im Niederländischen.

Freie Meinungsäußerung ist ein großes Gut; sie gilt auch für Äußerungen, die »verletzen, schockieren oder beunruhigen« können, wie es der Europäische Gerichtshof für Menschenrechte in einem wichtigen Urteil formuliert hat. Aber auch, wenn man ein bestimmtes Recht hat, ist man nicht verpflichtet, davon Gebrauch zu machen. Mitgefühl erfordert manchmal mehr Mut als ein Gegenangriff. »Nie kommen Äußerungen von Hass in dieser Welt zur Ruhe durch Hass«, sagte Buddha vor zweitausendfünfhundert Jahren, »sondern indem man nicht hasst, kommen sie zur Ruhe, das ist ein ewiges Gesetz.«

Nach dem Kongress wollten wir ein paar Highlights im Landesinneren sehen. Ich hatte keine Lust auf die obligatorische Kongress-Exkursion gehabt, Lobsang war sie zu teuer gewesen – der Trip von Nordindien nach Island hatte schon ein Vermögen gekostet. Also machten wir uns mit einem klapprigen Mietwagen, den ich aufgetrieben hatte, auf den Weg. Wir verließen die Stadt und sahen Wasserfälle, Lava, Moos, Geysire und Souvenirs. Wir fuhren umher, wir wanderten, wir aßen unterwegs irgendwo und zeichneten Karten unserer Länder auf die Rückseite der Tischsets. Wir unterhielten uns über Politik und Poesie, Liebe und Freundschaft, Literatur und Liturgie. Und wir labten uns an der Umgebung. Die Natur war wirklich atemberaubend. Wir sagten nicht viel, als wir die endlosen Landschaften von endloser Schönheit erfuhren. Ergriffenheit, Dankbarkeit, Milde. Auch das ist die Erde.

Im vergangenen Februar fand man ihn unter einem im Bau befindlichen Viadukt in Delhi. Ein tibetischer Mönch, mit dem er an einer Übersetzung arbeitete, hatte ihn erstochen. Missgunst? Leidenschaft? Von China initiierte Eliminierung? Auftragsmord? Der Mörder beging anschließend Selbstmord, indem er sich die Kehle mit dem Messer aufschlitzte, mit dem er zehnmal auf meinen Freund eingestochen hatte.

Das Einzige, was ich noch von Lobsang Chokta besitze, ist der weiße Seidenschal, den er mir in Reykjavík mit beiden Händen überreicht hatte. Nein, das stimmt nicht. Das Einzige, was ich noch besitze, ist die Erinnerung an sein Licht. Er trug so viel Licht mit sich. Er trug so viel Licht.

PEN Nederland schrieb ein schönes in memoriam: http://www.pennederland.nl/ bij-de-plotse-dood-van-een-indrukwekkende-tibetaan-in-memoriam-lobsang-chokta
[Auch der deutsche PEN veröffentlichte einen Nachruf: https://www.pen-deutschland.de/de/2015/02/15/pen-gemeinschaft-trauert-um-lobsang-chokta, Anm. d. Ü.]

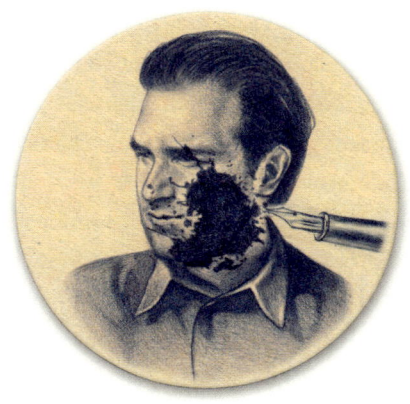

ODE AN MEINE NARBEN

Zum ersten Mal duschen in der neuen Wohnung. Vor ein paar Monaten war dies noch eine Baustelle mit Zementsäcken und frei hängenden Kabeln. Und nun stehst du hier und denkst an den berühmten Vers von Paul van Ostaijen: »Ich will nackt sein / und beginnen«.

Licht, Leere, endlich. Alles hallt noch, alles riecht noch. Vor den Fenstern hängen noch keine Gardinen, und du schaust auf deinen vertrauten Körper, deinen vertrauten nassen Körper, auf dem sich Wasser mit Wasser verflicht, während es an deiner Brust hinabgleitet. Auf deiner rechten Schulter siehst du die große, frische Narbe, die größte, die du hast. Noch blau, noch rosig, allmählich wird es ein dünner Streifen Weiß werden und in deinem Körper versinken, wie im vorigen Jahr, nach dieser ersten Operation. Um Weihnachten herum wirst du nichts mehr davon sehen. Dann wird auch dieser Schlüsselbeinbruch Teil der Geschichte deines Körpers sein.

Das Wasser strömt und du denkst an die Narben, die dir die Zeit auf den Körper geschrieben hat. Zähe Hieroglyphen, sonderbare Sternbilder. Links und rechts auf deine Schläfen, als du als Kind an Betonsockel und gegen Marmorcouchtische geprallt bist. Auf deinen Schädel, als du von der Schule nach Hause geradelt bist – wenn deine Haare kurz sind, sieht man es noch. Auf deine Knie – trotz aller Ermahnungen, im Schwimmbad nicht zu rennen. Auf deinen Rücken, wo zwei tropische Insekten sich einst satt fraßen. Auf die Innenseite deiner Unterlippe, als der Knirps, der du warst, der kaputten Trommel Töne entlocken wollte wie einer Mundharmonika. »Sie war völlig abgerissen!«, hast du deine Mutter oft sagen hören. Singen wollen, bis du keine Lippen mehr hast: Ach, du hast keine Lust, höhere Bedeutungen hineinzuinterpretieren, lass es genug sein. Es war das Leben, nicht mehr und nicht weniger. Die Narben der beiden Operationen, als du vierzehn und fünfzehn warst. Die Krankenschwester, eine ältere Frau von mindestens zweiundzwanzig, kam nachts ins Zimmer, und du hattest dich völlig nacktgewühlt in deinen fiebrigen Träumen, in denen sie auch schon vorkam.

Das Wasser strömt, es regnet Erinnerungen, während du zum ersten Mal in dieser neuen Wohnung stehst, zum ersten Mal unbekleidet. Welche Liebesbeziehungen werden sich hier entwickeln, welche Narben wirst du dir hier zuziehen? Du denkst an frühere Körper. D. hatte sich die Brust verkleinern lassen, du hast die Nähte gestreichelt. A. war von einem Auto in die Luft geschleudert worden: Überall hast du die Spuren gesehen. M.s Augenbraue war zu einem Morsezeichen geworden, lang-kurz, etwas mit dem Fahrrad. E. hatte sich überschlagen, auch etwas mit dem Fahrrad – und einem Dynamo, einem Vorderrad und einem Kinn. Geschichten, die du dir gern angehört hast, morgens im Bett, beim Lesen eurer Körper.

Ode an die Narben, denkst du dann, während du dich abtrocknest. Ode an die Waghalsigkeit in Zeiten von absoluter Sicherheitsobsession. Nein, das ist nicht das richtige Wort, Waghalsigkeit. Was denn dann? Begeisterung, Feuer. Ja, man muss vorsichtig umgehen mit seinem Körper, es ist das letzte Exemplar, aber deshalb doch nicht mit dem Leben? Ode an deinen Vater, der dich, als du sechzehn warst, mit Rucksack und Pappkarton zur Autobahnauffahrt brachte und sagte: »*Allez, Kleiner,* bis in drei Wochen.« Ode an die Mutter, die schon Höhenangst bekam, wenn sie in einen Suppenteller blickte, dich aber ermutigte, in den Ardennen achtzig Meter über der Maas in den Felsen herumzuklettern. »Mir ist lieber, du verunglückst bei etwas, was du gern machst, als dass du nicht das machst, was du gern machen würdest.« Ode an Khalil Gibran, wieder einmal. Vor fast einem Jahrhundert dichtete er:

Eure Kinder sind nicht eure Kinder.
Sie sind die Söhne und Töchter der Sehnsucht des Lebens nach
                                                                                       sich selber.
Sie kommen durch euch, aber nicht von euch,
Und obwohl sie mit euch sind, gehören sie euch doch nicht.

Daran denkst du vor dem beschlagenen Spiegel. Und dein sanft ramponierter Körper fühlt sich jetzt schon zu Hause in dieser neuen, guten Wohnung.

Die Übersetzung von Khalil Gibran stammt von Karin Graf (aus: Der Prophet*).*

ODE AN
SONY LABOU TANSI

Letzte Woche in Paris wartete ich mit dem Abziehen der Plastikfolie, bis ich auf der Terrasse des *Le Sarah-Bernhardt* saß. Ich hatte mich lange auf diesen Moment gefreut. Der Kellner nahm die Bestellung entgegen, und ich drehte den Schuber in meiner Hand. *L'atelier de Sony Labou Tansi*. Drei Bände: Briefe, Gedichte, Prosa. Mein Getränk kam. Ich ließ den Band mit der Lyrik in meine Hand gleiten und blätterte sofort zu dem langen, wüsten Gedicht, das mich im November in Kinshasa völlig umgehauen hatte.

Prière d'un enfant du siècle, stand da. Gebet eines Kindes aus diesem Jahrhundert. Es begann so:

Lieber Gott
Vergib deinem Kind
Dem Bewohner von Vaginen
Gefangen
Im Fleisch
Gierig
Nach Hoffnungen, nach Ketten
Und Prüfungen
Das bleiben
Wollte
Zum einzigen Beweis
Dass alles existiert
Ob mit dir
Oder ohne dich
Vergib
Diesem vertanen Jahrhundert
Das unsere Träume verpfuscht
Lieber Gott
Scheiß auf die Pisser
Die auf die Liebe
Pissen
Aber lass alle Sexbesessenen
In Frieden
Denn sie lieben dich
Auf ihre Weise

Wer in Gottes Namen spricht hier, hatte ich mich gefragt, als ich das Gedicht zum ersten Mal las, während es in Kinshasa in Strömen regnete. Ja, der Name war mir natürlich bekannt. Sony Labou Tansi, ein Autor aus Kongo-Brazzaville, war berühmt geworden mit zwei Romanen: seinem Debüt *La vie et demie* (1979) (deutscher Titel: *Verschlungenes Leben*, 1981) und *L'anté-peuple* (1983) (*Die tödliche Tugend des Genossen Direktor*, 1985). Diese Romane wurden als groteske Anklagen gegen politische Missstände in Afrika gelesen, doch das ist das Schicksal vieler nicht-westlicher Autoren: Stets werden sie nur als Kommentatoren der Politik wahrgenommen, mehr noch, sie werden nur für interessant befunden, solange sie über Politik schreiben. Davon hätte auch ich die Nase gestrichen voll. Ich lese weiter:

Erspare mir
Die Zensur
Und die Halbheiten
Lass ein bisschen
Platz in der Hölle
Für all die Zeitungen
Selbst für die, die sich
Kommunistisch nennen
Aber
Mach
Dass keinem Menschen
Die Ehre
Zuteil wird
Sich in den Flammen der Gehenna
Reinzuwaschen –
Hol die Welt
Aus ihrem fünfhundert
Milliarden Jahre währenden Schlaf
Herr, töte die Zeit
Denn sie tötet
Vergib allen die Worte
In denen sich das Sein
Verwirrt
Denn dein Licht
Ist ja so fern

Ja, das verweist unübersehbar auf den kommunistischen Einparteienstaat, der in Kongo-Brazzaville installiert war, doch das Gedicht handelt von so viel mehr: Erotik, Sehnsucht, Finsternis, Verzweiflung. Über die Politik schrieb er 1973: »Zehn Jahre Slogans, zehn Jahre Pipi.« Über Afrika schrieb er: »Die Regierungen haben Afrika in der Tasche. Ich habe nur das, was um mich herum Krach macht.« Über die postkolonialen Verhältnisse: »Weiße, Schwarze: für mich ist das sinnlos. Weder die Visage noch das Maul sind von vornherein giftig. Tödlich sind die Ideen, die man sich aus einem solchen Maul einfängt.« Hier spricht kein »afrikanischer Schriftsteller«, keine »schwarze Stimme«, hier schreit ein Individuum seine Universalität heraus.

Vergib auch allen
Denen die Frauen
Wunden zugefügt haben
Leuchte
Du bist
Schließlich Gott
  Gib uns
  Andere Augen
  Ein anderes Blut
  Und andere Weisen
  Zu sterben
  Besänftige
  Das blinde Wissen
  Das uns umgibt
  Und das uns auffrisst
  Bändige
  Die Alten in den Wechseljahren
  Aber sei nett

Zu Europas
Alten Nationen
Die keine anderen Wege
Finden konnten
Als Bomben
Und Arroganz
Mach dich
Zum Garanten
Der strotzenden Nacht
In der mein Volk
Im Schlamm feststeckt
Und sich vertut

Was für eine Stimme! Was für ein Sturm! Neben Romanen, von denen sechs beim angesehenen Pariser Verlag Seuil erschienen und zum Teil Preise bekamen, schrieb Sony Labou Tansi vor allem für die Bühne. Seine Truppe Rocado Zulu Théâtre aus Brazzaville trat international auf. Aber erst in seiner Lyrik und in seinen Briefen sieht man wirklich seine unverfrorene Vitalität, seine ungestüme Zärtlichkeit und die absolute Aufrichtigkeit, die ihn zweifellos oft einsam gemacht hat. Als eine Art afrikanischer Punk erinnert er an Fela Kuti, den genialen, vollkommen unkonventionellen Popkünstler aus Nigeria. Aber auch an Goya und van Gogh. In Frankreich stellt man ihn inzwischen auf eine Stufe mit literarischen Naturereignissen wie Arthur Rimbaud und Antonin Artaud.

Und dann das Stärkste: Eigentlich ist es ein großes Wunder, dass wir dieses Gedicht lesen können. Als Sony Labou Tansi 1995 an den Folgen von Aids starb – wenige Tage, nachdem seine Frau der Krankheit erlegen war –, hinterließ er ein Haus voller Manuskripte. Politische Unruhen brachen aus, ein Teil der Texte ging verloren, ein anderer wurde von Termiten gefressen, manche wurden gestohlen, ein Brand verwüstete einen Teil seines Hauses. Wir verdanken es Nicolas Martin-Granel, einem Franzosen und guten Freund von Sony, dass die Texte erhalten blieben. Er fotokopierte, was sich noch fotokopieren ließ, er digitalisierte die Texte gewissenhaft und er finanzierte aus eigener Tasche die Edition, mit der ich nun auf der Terrasse des *Le Sarah-Bernhardt* in Paris sitze. Die Auflage betrug nur zweitausend Exemplare.

Sony Labou Tansi ist nicht der bekannteste, doch vielleicht der größte afrikanische Schriftsteller des zwanzigsten Jahrhunderts. Auf jeden Fall ist er der unersättlichste, der zügelloseste, der freieste. Die Schlusspassage lasse ich unkommentiert. Einfach hinterher nach Luft schnappen.

>
> Herr
> Blutender Gott
> Nimm meinen Hass
Ganz formlos
Ganz wolof
Der keine Unterschiede macht
Der kopflos ist
Hart
Wie ein Gedicht
Einen Hass
Der niemanden hasst
Einen völlig neuen
Ganz starken Hass
Frisch aus den Renaultfabriken
Versprich uns die ganze Welt
Zu anderen Zeiten
In anderen Träumen
Und gib mir

Ein bisschen Wasser
Kein Blut
Keinen Schweiß
Das unverwüstliche Wasser
Das strotzende Wasser
Das aus den Hyazinthen kommt
Wie eine Sonne
Die leckt –

Die Gedichte von Sony Labou Tansi stehen im zweiten Band von SLT: L'atelier de Sony Labou Tansi, *eine Kassette, herausgegeben von Nicolas Martin-Granel und Greta Rodriguez-Antoniotti (Editions Revue Noire, Paris 2005). Kürzlich erschien die beeindruckende definitive textkritische Edition mit einem Umfang von 1252 Seiten:* Sony Labou Tansi. Poèmes, *herausgegeben von Nicolas Martin-Granel und Claire Riffard in Zusammenarbeit mit Céline Gahungu (CNRS Editions, Paris 2015).*
Die Übersetzung stammt von Holger Fock.

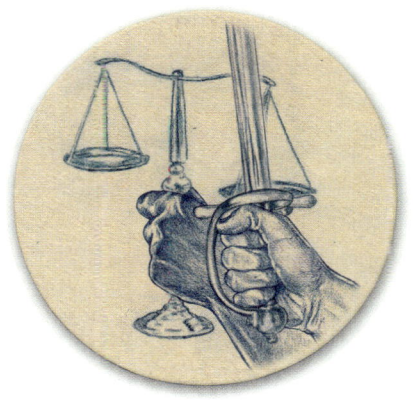

ODE AN DEN MUT

Ich versuche es mir vorzustellen: Sieben Menschen auf seiner Beerdigung. Manhattan, Sommer 1959. Ein paar Tage zuvor hatte er seine Einzimmerwohnung in der West 112th Street verlassen und war auf dem Weg zu einer Verabredung an einem Herzstillstand gestorben. Verarmt, erschöpft, 59 Jahre alt. Was haben sie gesagt, die wenigen Trauergäste? Haben sie überhaupt etwas gesagt?

In letzter Zeit muss ich oft an Raphael Lemkin denken, vor allem nachts, wenn ich wach liege. An jenes Theaterstück, das ich gern über ihn und den anderen machen würde. Den Titel weiß ich bereits: *Lemkin & Proxmire*. Das klingt wie eine Waschmittelfirma aus den Fünfzigerjahren oder wie ein amerikanisches Anwaltsbüro.

Wie in Gottes Namen standen sie das durch?

Raphael Lemkin wurde 1900 in Bezwodne geboren, das damals russisch war und heute zu Weißrussland gehört. Er stammte aus einer polnisch-jüdischen Familie und ging zum Studium der Sprachwissenschaft nach Lwiw, das damals polnisch war und Lwów hieß und heute zur Ukraine gehört. 1929 ging er nach Heidelberg, das damals deutsch war und es bis heute ist, um Jura zu studieren und dann ein wichtiger Jurist im jungen Polen zu werden. Er arbeitete als Staatsanwalt in Warschau, beschäftigte sich mit Strafrecht und war im Auftrag Polens für den Völkerbund tätig, den Vorläufer der Vereinten Nationen.

In der Woche, in der das Deutsche Reich aus dem Völkerbund austrat, wir schreiben das Jahr 1933, hielt Lemkin einen Vortrag auf Französisch in Madrid (er sprach übrigens neun Sprachen) und machte dabei einen bemerkenswerten Vorschlag: Sollten »Akte der Barbarei« nicht international unter Strafe gestellt werden?

»Wer aus Hass gegen eine rassenmäßige, konfessionelle oder soziale Gemeinschaft oder zum Zwecke ihrer Ausrottung eine strafbare Handlung gegen Leben, Gesundheit, Freiheit, Würde oder wirtschaftliche Existenz einer jeden einer solchen Gemeinschaft angehörigen Person unternimmt, wird wegen Verbrechens der Barbarei […] bestraft.«

Das nationalsozialistische Deutschland wurde nicht namentlich erwähnt, doch darum ging es natürlich. Außerdem war Lemkin als junger Jurist erschüttert gewesen von dem, was die Türken den Armeniern 1915 angetan hatten. Das war nicht einfach Mord gewesen, sondern offenbar eine gezielte Ausrottung.

Sein Vorschlag hatte nicht die geringste Chance. Ein Jahr darauf wurde er in Polen seiner Ämter enthoben, wegen seiner semitischen Wurzeln. Als Deutschland Polen 1939 überfiel, schloss er sich dem Widerstand an. Er wurde verwundet, überlebte eine Zeit lang in den Wäldern, fand seine Familie wieder und versuchte sie zur Flucht zu überreden. Vergebens. Er selbst konnte entkommen, indem er nach

Stockholm ging. Von dort aus flog er nach Moskau, fuhr mit der Transsibirischen Eisenbahn nach Wladiwostok, nahm das Schiff nach Japan und reiste weiter nach Vancouver. Er bekam eine Dozentur an der Duke University und veröffentlichte 1944 ein überaus wichtiges Buch: *Axis Rule in Occupied Europe*.

Dieses Buch enthielt Massen amtlicher Dokumente aus den ersten Kriegsjahren und übersetzte Quellen aus mehr als zwanzig Ländern. Es vermittelte ein klares Bild davon, was der Faschismus mit Europa machte. Noch wichtiger aber war das neunte Kapitel. Dort führte Lemkin ein neues Wort ein:

»Neue Ansätze erfordern neue Begriffe. Unter ›Genozid‹ verstehen wir die Vernichtung eines Volkes oder einer ethnischen Gruppe.«

Noch ehe die Welt von Auschwitz, Treblinka und Sobibor wusste, hatte Lemkin einen Schlüsselbegriff erdacht, um die systematischen Gräuel und die vorsätzliche Vernichtung spezifischer Gruppen der Gesellschaft zu bezeichnen, einen Begriff, der zu einem der wichtigsten juristischen Begriffe im internationalen Strafrecht des frühen 21. Jahrhunderts werden sollte.

Dass heute im Gefängnis von Scheveningen Männer einsitzen,

die für unsägliche Taten verantwortlich sind, ist diesem einen geflohenen polnischen Juden zu verdanken, der irgendwo in einem kleinen Büro in Durham, North Carolina, einen neuen Begriff geprägt hat.

Doch Raphael Lemkin blieb nicht in diesem Büro. Sein Buch spielte eine Rolle bei den Nürnberger Prozessen, an denen er in beratender Funktion teilnahm. Er erreichte, dass das Wort »genocide« in eine der Anklageschriften aufgenommen wurde – in den Urteilen kam es nicht vor, da es noch keinen gesetzlichen Rahmen dafür gab. Als er wieder in Europa war, erfuhr er auch, dass neunundvierzig seiner Verwandten in den Lagern, Gettos und auf den Todesmärschen des Faschismus umgekommen waren, darunter beide Eltern, die er noch so ausdrücklich gewarnt hatte.

Die Bettdecke wird mir unerträglich. Der Wind bewegt die Vorhänge. Wie stand er es durch?

In den Nachkriegsjahren setzte er alle Hebel in Bewegung, damit Genozid als Tatbestand in das Völkerstrafrecht aufgenommen wurde. In den Wandelgängen der Vereinten Nationen in New York sah man ihn fast täglich mit seiner schwarzen Aktenmappe und seinem Sandwich, immer unterwegs zu einer Verabredung, immer mit seinem starken polnischen Akzent auf jemanden einredend, mochte er wichtig oder unwichtig sein. Raphael Lemkin war eine Lobby für sich allein, ohne Assistenten, ohne Sponsoren, buchstäblich ohne einen roten Heller. Seine Anstellung an der Universität würde er bald aufgeben.

Am 9. Dezember 1948 war es so weit. Die Generalversammlung der Vereinten Nationen stimmte auf ihrer Sitzung in Paris über die *Konvention über die Verhinderung und Bestrafung des Verbrechens des Völkermordes* ab. Es war der allererste Menschenrechtsvertrag, der von den Vereinten Nationen angenommen wurde. Lemkin war in der Nähe. Nach der Abstimmung suchten ihn Journalisten für ein Statement. Der Berichterstatter der New York Times schrieb: »An diesem Tag machten sich Reporter auf die Suche nach ihm, um die Freude über seinen Sieg mit ihm zu teilen. Doch wir konnten ihn nicht finden, bis wir Stunden später daran dachten, im dunklen Kongress-Saal nachzuschauen. Dort saß er und weinte, als bräche ihm das Herz. Er bat uns, ihn allein zu lassen.«

Fortschritt kommt nicht nur durch fortschreitende Einsicht der Masse zustande. Starrköpfige, vorausschauende Individuen, die zu früh recht haben, sind genauso notwendig, Intellektuelle, die »weit und wüst zu denken wagen«, wie ich letztens hörte, einsame Figuren, oft mit einer großen inneren Verletzung, die sich weigern, verbittert zu resignieren, und die Wunde dazu nutzen, ihren Mut zu befeuern.

Ich schaue auf das Foto von Raphael Lemkin und sehe darin das Leid Europas, den Kummer des zwanzigsten Jahrhunderts, die Würde des Verzweifelten. In den Fünfzigerjahren war er mehrmals für den Friedensnobelpreis nominiert, doch dazu kam es nicht. Sein Name geriet völlig in Vergessenheit. Einige Jahre später also: Sieben Menschen auf seiner Beerdigung. Ein paar Freunde. Ich glaube nicht, dass er jemals verheiratet war oder eine Familie hatte.

Die UN-Konvention musste natürlich noch ratifiziert werden. Das ging schnell: Innerhalb eines Jahres hatten bereits dreißig Länder unterzeichnet, der Rest sollte folgen. Doch in den USA dauerte es bis zum Jahr 1988: Getreu seinen Traditionen befürchtete das Land einen Autonomieverlust. Und es herrschte die Angst, dass die schwarzen Bürger Anklage erheben würden. Das rief William Proxmire auf den Plan, Senator aus Wisconsin. Er war gegen den Vietnamkrieg, gegen die Prestigeprojekte der NASA und gegen exorbitant hohe Wahlkampfbudgets. Er selbst gab höchstens zweihundert Dollar aus, aus eigener Tasche, und wurde Mal um Mal wiedergewählt.

Von 1967 bis 1986 hatte er einen Sitz im Senat. Jeden Tag ergriff er in der hohen Versammlung das Wort und plädierte stets mit einer anderen Rede für die Ratifizierung der UN-Konvention über die Verhütung und Bestrafung des Völkermordes. Jeden Tag, zwanzig Jahre lang, 3211 Reden, und in jeder davon verfocht er sein Anliegen. Auch das ist Mut.

Es könnte ein wunderbares Theaterereignis werden: Schauspieler lesen diese Reden vor, nonstop, Tag und Nacht, über mehrere Tage. Das Publikum kann kommen und gehen. Wer in Gottes Namen kann da noch an Schlafen denken?

ODE AN
DEN UNGEBORENEN NACHWUCHS

Manchmal sehe ich sie auf dem leeren Teppich spielen
Christbäume trage ich ungeschmückt wieder hinaus
auf Familienfotos von Freunden erkenne ich sie
an langen Tischen voller Obst sitzen sie mit nacktem Bauch
vier rote Münder weit offen vor Spaß
meine Schätze an Kindern, die ich nicht habe
Für sie mache ich Licht an in den Zimmern dieses Hauses
für sie fülle ich die Wanne mit Froschflaschenschaum
sie legen Puzzles von Städten, in denen ich ohne sie war
sie weinen vor Kummer, der zum Glück nie kam
ihre Milchzähne verwahre ich unter keinem Kopfkissen
Sorglos ist ihr Leben, dafür habe ich gesorgt
von dunklen Träumen wissen sie nichts

denn dunkle Träume sind sie geblieben
aus Liebe zu ihnen bekam ich sie nie
Also setzt euch woanders hin, den Mantel noch an
scrollt dort durch das Blau eurer launischen Rechthaberei
schweigt an anderen Tischen über euren Tag
hört euch mein Geschwafel aus einem anderen Mund an
schickt Ansichtskarten mit einem Kreuzchen aus dem fernen Tirol

Und wenn später das Unterholz einwärts wächst
wenn meine Zweige knarren und das Balkenwerk spukt
kommt dann nicht an mit Geschichten von früher
zeigt keine Fotos von euren Töchtern am Meer
fragt nicht, wie war heute dein Püree
bleibt weg, sorgt dafür, dass ich euch nicht mehr erkenne
sprecht mich mit Mijnheer an und mit Sie
nickt höflich, wenn ich sage, ich habe euch enterbt

ODE AN DEN LÄMMERGEIER

Dezember 2010, irgendwo in den Pyrenäen. Der Schnee liegt einen Meter hoch, und das Klettern wird immer mühsamer. Sogar Philippe wird langsamer. Er ist Fotograf und Parkwächter, ein Topathlet von fast sechzig. Seit ein paar Jahren sind wir befreundet. Es ist minus zehn Grad, aber wir spüren die Kälte nicht. Unsere Jacken lassen wir offen.

 Plötzlich duckt er sich blitzschnell. »*Le gypaète*«, ruft er. Ich mache mich klein und blicke nach oben. Was dann dicht über uns dahingleitet, ist keine Vogelart, sondern ein darwinsches Gotteswunder. Flügel mit mehr als zweieinhalb Metern Spannweite, die sich nicht bewegen. Stromlinienförmiger Rumpf aus rostfarbenem Stahl. Spähender Kopf mit einem Klauenhammer als Schnabel. Kein Laut oder Ruf. Höchstens ein leises Rauschen. Die Schwingenfedern zittern in der Winterluft.

Das Tier hat uns gesehen und einfach ignoriert. Es setzt seinen Flug fort, entlang den Bergflanken und Abhängen, auf der Suche nach Kadavern und Karkassen. Der Lämmergeier. Göttliches Tier, bedrohlicher Name.

In seiner *Histoire naturelle*, dem monumentalen Kompendium aus dem achtzehnten Jahrhundert, zitiert Buffon einen Pater, der behauptet hatte, dass diese Vögel Lämmer, zuweilen Mutterschafe oder sogar Hirtenkinder mit in ihre Nester schleppten. Damit hatte der Vogel seinen Ruf weg. Die großartigen Bildtafeln der *Histoire naturelle* werden noch immer an den Ständen entlang der Seine verkauft, doch was die Ernährungsgewohnheiten des Lämmergeiers angeht, wissen wir es inzwischen besser. Das Tier frisst weder Lämmer noch Kinder, sondern ernährt sich viel sonderbarer – von etwas, das sogar andere Geier zurücklassen und das fast kein Lebewesen verdauen kann: Knochen. Bis zu achtzig Prozent seiner Nahrung besteht aus Knochen.

Wie so ein Tier von mindestens fünf Kilogramm sich an den kargen, trockenen Teilen eines Skeletts laben kann, ist mir ein Rätsel. Wie es aus spärlichen, toten, abgenagten Resten täglich so elegante Flüge hervorbringt: Ich weiß es nicht. Wie es Krusten umwandelt in Leben, verfaultes Mark in Schweben: keine Ahnung. Ich weiß allerdings, dass es eine Vorliebe hat für Ellen und Ober- und Unterschenkel von Schafen und Gämsen. Knochen bis zu 25 Zentimeter Länge schlingt der Lämmergeier schnell hinunter: Sein Kropf ist groß, die Magensäure aggressiv.

Für noch größere Knochen hat er eine originelle Lösung. Philippe lässt das Fernglas sinken. Das Tier ist inzwischen meilenweit entfernt. »Im Spanischen heißt er *quebrantahuesos*«, sagt er, »der Knochenbrecher. Große Knochen nimmt er in seine Klauen und fliegt damit zu einer flachen, felsigen Stelle. Aus ein paar Dutzend Metern Höhe lässt er den Knochen fallen. Dann frisst er die Brocken.«

Nur in kargen Zeiten geht der Lämmergeier auf die Jagd. Kleine Säugetiere, Insekten, Eidechsen, diese Art Snacks. Zur Not Schildkröten. Die Legende berichtet, dass der große griechische Tragödiendichter Aischylos auf diese Weise jäh ums Leben kam. Wir schreiben das Jahr 456 vor unserer Zeitrechnung. Aischylos saß friedlich in der Sonne. Plötzlich fiel ihm eine Schildkröte auf den Kopf, die ein Lämmergeier fallen gelassen hatte, weil er die Glatze des Dichters für einen Felsen hielt. Ob das stimmt? Ein sonderbarer Gedanke, dass das Gehirn, das einst die *Orestie* ersann, die größte aller griechischen Tragödien, am helllichten Tag von einer fliegenden Schildkröte zerschmettert wurde.

Wir setzen uns an einen windgeschützten Platz und essen etwas. Brote mit dicken Scheiben gesalzener Butter, Sardellenpaste und für jeden ein Dezimeterquadrat Schokolade. Philippe schneidet ein Loch in die Stille. »Ich musste einmal für den *Parc National des Pyrénées* ihre Nester kontrollieren. Habe ich dir das schon erzählt?« Ich schüttele den Kopf, kaue auf dem Brot. »Die sind völlig unerreichbar! Es war eine ordentliche Kletterpartie, um hin zu gelangen. Aber was für ein Gestank, als wir oben ankamen ...« Lämmergeier bauen ihre Nester aus Zweigen, Grashalmen, Schafwolle, Ziegenfell, Haut, Knochen, enfin, aus Unrat.

Und trotzdem sind sie ganz schön kokett. Die *Histoire naturelle* zitiert einen Monsieur Bruce, Entdeckungsreisenden in Abessinien, der gerade einen Lämmergeier geschossen hatte: »Als ich den riesigen Vogel aufhob, bemerkte ich überrascht, dass meine Hände voll gelben Puders waren. Es wirbelte auf, sobald man die Federn ein bisschen schüttelte, als würde ein Coiffeur es mit dem Pinsel umherstreuen.«

Es war das achtzehnte Jahrhundert. Perückenzeit und so.

Es ist noch immer das achtzehnte Jahrhundert. Wir wissen immer noch nicht, warum Lämmergeier so stauben. Über ihren jungen Flügeln läge eine dünne Haut, glaubte man im neunzehnten Jahrhundert, die eintrocknet, wenn sie älter werden, oder nein, es kommt durch die Mauser. Heftige Debatten unter Ornithologen damals. Naturhistorische Museen hatten die Nase voll: Die Schublade mit dem Lämmergeier war immer eine staubige Angelegenheit.

Heute wissen wir dies: Sie tragen es selbst auf. Lämmergeier haben einen weißen Leib, aber waschen sich vorzugsweise in Pfützen und Lachen, die reich an Eisenerz sind. Warum? Um bei Gefahr zu imponieren, sagen die einen. Um Bakterien zu bekämpfen, sagen die anderen. Weil es Status verleiht, sagen die nächsten. Enfin, niemand weiß es.

Im Jahr 2014 ist es dann doch geglückt: Der *Parc National des Pyrénées* konnte zum ersten Mal mit einer versteckten Kamera Aufnahmen von Lämmergeiern machen, die sich in der Wildnis schminken. Ich sehe mir die Bilder an. Ein Raubvogel, sich hin und her bewegend im hohen Gras – spektakulär ist es nicht, aber manchmal macht es mich richtig froh. Ein Raubvogel, der von Knochen lebt. Der weiß ist, aber rostrot sein möchte. Der die Welt als Amboss sieht. Und einen Tragödiendichter mit einem Felsblock verwechselt.

ODE AN DAS TRAMPEN

Der September duftet nach Äpfeln, Walnüssen und Wehmut. Ich bin wieder siebzehn, und mein Rucksack wiegt wieder ebenso viele Kilo. Mein Vater fährt weg, und ich halte das Pappschild hoch, auf das ich mit grünem Filzer »Lille« geschrieben habe. Letzteres hatte zu Hause noch zu Diskussionen geführt: Mein Vater meinte, ich hätte »Rijssel« schreiben sollen – warum hätte diese Stadt sonst einen flämischen Namen, *Kleiner*? Ich hatte erwidert, dass mich dann kein Franzose oder Niederländer mitnehmen würde, denn was wüssten die schon davon, dass der Ort noch einen zweiten Namen hatte. Die Sprachenfrage kannte bei uns keine Sommerferien.

Schließlich nahm mich ein korpulenter und vermutlich analphabetischer Westflame mit, der kurzatmig das Fenster runterkurbelte – Knöpfe gab es damals noch nicht – und mich über dem Beifahrersitz schnaufend mit rot angelaufenen Wangen und verschwitztem Gesicht fragte: »Na, wo willst'n hin?«

»Bretagne«, sagte ich, und das war nicht mal gelogen. Ich wollte die Dolmen und Menhire von Carnac mit eigenen Augen sehen. Ein Monat später würde ich mit dem Archäologiestudium beginnen. Der Fahrer brachte mich bis zur französischen Grenze, und auf dem Parkplatz bei der Zollstation fand ich ziemlich schnell einen Lkw-Fahrer, der tatsächlich direkt in die Normandie wollte und mich mitnahm.

So hatte es keinen Reiz, fand ich, es durfte nicht allzu flott gehen. Aber als wir losfuhren, erwies sich meine Befürchtung als unbegründet: Der Mann, ein passionierter Raucher, fuhr zum Glück nicht schneller als neunzig und gehörte zum verschlossenen, einsilbigen Typus. Sein Feuerzeug sprach öfter als sein Mund. Ich verpennte große Teile Nordfrankreichs, und als ich ihn in einem wachen Moment fragte, was er eigentlich transportiere im Laderaum, lautete die nikotinreiche Antwort: »Särge.«

Abends schlief ich in einer Art Jugendherberge in einer Art Ansiedlung. Die letzten Kilometer war ich gelaufen. Keine Menschenseele war auf der Straße, es gab keinen Inhaber in dem Laden, aber ich traf dort auf zwei verirrte Gäste, einen Japaner auf Weltreise und einen Afrikaner, der einen Job suchte – einen Kameruner, wenn ich mich recht entsinne. Zu dritt würden wir gemeinsam kochen und essen. Der Japaner brachte mir bei, wie ich eine Gurke auf asiatische Weise schneiden musste (sehr lange mit dem Endstück über die Schnittfläche reiben, bis sich Schaum bildet; wozu das gut sein sollte, wusste er auch nicht). Der Kameruner erzählte amüsante Geschichten und wollte, dass ich sie sofort ins Englische übersetzte für unseren asiatischen Mitmenschen, der sie im besten Fall nicht begriff und wenn er sie doch begriff, in ein beängstigendes Wiehern ausbrach. Ich dachte: Sieh mal an, wie ich hier sitze, zum ersten Mal allein auf Reisen, und schon am ersten Abend Verbrüderung mit Vertretern zweier anderer Kontinente unter einer Glühbirne am Tisch. Dass ich ein Jahr später von dem unergründlichen Japaner noch eine Postkarte bekommen würde, hätte ich nicht erwartet. Dass ich am nächsten Tag beim Aufstehen feststellen würde, dass nicht nur der gesellige Kameruner bei Nacht und Nebel verschwunden war, sondern auch meine ganzen Lebensmittel aus dem Kühlschrank, ebenso wenig.

Drei Wochen würde ich in der Bretagne wandern und trampen. Ich trampte viel in jenen Jahren. Nach Paris, natürlich. Zur documenta in Kassel. Durch Irland. Ich trampte nach den Abiprüfungen nach Gent, Antwerpen und Brüssel und besuchte Ausstellungen zeitgenössischer Kunst. Ich trampte mit meinem festen Kletterpartner unzählige Male in die Ardennen mit einem Rucksack voller Seile, Karabinerhaken und Magnesiapulver.

Ich schrieb damals nur Gedichte und führte Tagebuch, aber immer, wenn ich irgendwo am Straßenrand stand, nahm ich mir vor, ein Buch übers Trampen zu verfassen. Ganze Kapitel meiner praktischen Anleitung zur edlen Kunst des Hitchhikens komponierte ich im Kopf (»Das Schild: Größe, Schriftart, Ortsnamen«, »Der Standort: Sichtbarkeit und Bremsweg«, »Sonntag, Scheißtag«). Ausgewogene Erörterungen legte ich mir zurecht (»Shorts: Vor- und Nachteile« – schon damals war ich ein heillos nuancierter Mensch). Komplette Anhänge und Inhaltsverzeichnisse sah ich vor mir. Jeder Zweifel war ausgeschlossen: Mit meinem Standardwerk würde das Reisen per Anhalter wieder ein wahres Vergnügen werden, ein höheres Handwerk, ein nobles Fach – und unterdessen stand ich vergeblich und kräftig fluchend am Straßenrand und wartete auf einen Menschen mit Bremspedal.

Natürlich hat es das Buch nie gegeben. Abenteuer lässt sich nicht in eine ISBN-Nummer zwängen. Außerdem führte die belgische Bahn um die Zeit den Go-Pass ein, eine außergewöhnlich erfolgreiche Zehnerkarte, mit der Jugendliche zum Preis von ein paar Bier das ganze Land bereisen konnten. Ich glaube, es war auch um die Zeit, dass in den Niederlanden die Studienstipendien reduziert und mit einer Jahreskarte für die Benutzung öffentlicher Verkehrsmittel gepimpt wurden. Seither war es mehr oder weniger vorbei mit dem Trampen in Belgien und den Niederlanden.

Durch Marc Dutroux und Osama bin Laden gewann anschließend eine ganze Elterngeneration die feste Überzeugung, dass die große, freie Außenwelt nur Gefahren berge. Es war um die Zeit, als die heimatliche Bierzapfanlage, das Heimkino und die Espressomaschine den Durchbruch erlebten. Das öffentliche Leben von Kneipe, Kino und Café verlagerte sich in die privaten Räume, während die Badezimmer zunehmend privaten Wellnesscentern glichen. Die Einkaufszone – jener öffentliche Raum, der weiterhin jederzeit einen festlichen Eindruck von unhinterfragter Sicherheit ausstrahlen musste – konnte diesen Effekt nur erzielen dank einer Armee von Security-Typen vor jeder Tür, ausdruckslosen, muskulösen Kerlen mit pfundweise Gel in den Haaren und einem Knopf mit verdrehtem Kabel im Ohr. Wer damals noch den Daumen hob an einer Autobahnauffahrt, war ein Draufgänger, ein Verrückter oder bestenfalls ein armer Schlucker.

Also nicht, ein Buch über das, was ich beim jahrelangen Trampen gelernt hatte, hat es nie gegeben. Doch erst jetzt geht mir auf, dass es viel mehr gewesen wäre als eine Reihe praktischer *Tipps und Tricks*. Vielleicht war das Trampen ja die beste Ausbildung in sozialer Kompetenz und staatsbürgerlicher Bildung, die ich jemals erhalten habe. Einfach das Grundvertrauen, dass wildfremde Menschen in der Regel völlig okay sind, das Bewusstsein, dass das Leben vielfältig und doch auch wiedererkennbar ist, das Akzeptieren, dass man nicht alles in der Hand hat, der Glaube an einen guten Ausgang. Und stets die Gewissheit: Wenn Misstrauen der Preis ist für Sicherheit, dann bin ich nicht bereit, ihn zu zahlen. Lieber frei und verletzlich als sicher und ängstlich. Ja, du hast schon mal neben einem Unbekannten in einem Simca Matra gesessen, als eine Stahlfelge gegen die Frontscheibe knallte. Frontscheibe zertrümmert, Krümelglas auf euch beiden, Rinnsale Blut im Gesicht des französischen Fahrers, Rinnsale Blut auf deinem linken Arm. Er: »Ich glaube, ich muss ins Krankenhaus.« Tja, das hätte auch bei einer gewöhnlichen Autofahrt passieren können. Aber was nicht bei einer gewöhnlichen Autofahrt hätte passieren können, war, dass er dich zwei Stunden später erneut an der Straße stehen sah, sechzig Kilometer weiter inzwischen: Seine Stigmata waren versorgt und die Frontscheibe war durch ein Stück ohrenbetäubend klapperndes Plastik ersetzt worden. Wieder einsteigen. Zusammen lachen über seinen Hund, der mit ausgestrecktem Kopf den donnernden Wind inhalierte.

Was auch nicht während einer gewöhnlichen Autofahrt hätte passieren können: das Vergnügen, die Bekanntschaft mit einem deutschen Ingenieur in einem schnellen Audi zu machen, der dir das Wort *Lärmschutzwände* beibrachte, weil er die neben der Autobahn anbrachte. Das Lachen mit rumänischen Illegalen in Italien, die dir in ihrem Kleinbus von hinten Halbliterdosen zuwarfen und beim Bechern dein Italienisch verbesserten. Der Genuss, neben einem uralten französischen Pater in einem R4 über eine von Obstbäumen und Maulbeerhecken gesäumte Landstraße zu zuckeln. Die Aufregung, auf der Ladefläche eines Pick-up durchgerüttelt zu werden auf Kreta, mit einer Freundin dir gegenüber, die speziell für dich ihr Röckchen im schallenden Sommerlicht hochzog. Die Verwunderung, im strömenden Regen in einer verlassenen nordirischen Moorlandschaft von einem Mann mitgenommen zu werden, der sich als der Bassist von Van Morrison entpuppte. Das alles wäre sonst nicht geschehen.

Ja, du hast die Welt kennengelernt auf diese Weise. Und dich selbst am meisten. Denn all diesen magischen Momenten des Wieder-in-Bewegung-Kommens gingen oft Stunden des Stillstands, Zähneknirschens und der logistischen Verzweiflung voraus. Du kennst das Gefühl, alles sattzuhaben. Du weißt, dass es bald binnen einer Sekunde vorbei sein wird und dass du dein Ziel noch jedes Mal erreicht hast. Zur Not schläfst du halt eine Nacht im Freien.

Heute fährst du selber. Du hast einen geistig Behinderten in Brüssel mitgenommen und ihn nach Hause gebracht. Du hast frühmorgens einen grauhaarigen Fünfziger an der Autobahn in Südspanien mitgenommen, einen Anstreicher, er trug noch seinen bespritzten Overall. In der Nacht sei seine Schwester gestorben, sagte er. Im Spiegel hast du ihn tränenlos weinen gesehen. In der namibischen Wüste stand Andrew an einer Tankstelle: Er hatte eine Verbrechervisage, ja, aber ihr wart drei Tage lang gemeinsam unterwegs. Als du im eiskalten Ozean geschwommen bist, nannte er dich »the whitest man on earth«. Du hast neben einem Mann in Südafrika gestoppt, und plötzlich war dein Mietwagen voll mit einer siebenköpfigen Familie und einem Hundewelpen. Sie hatten zwei Tage lang auf eine Mitfahrgelegenheit gewartet, nun verließen sie für immer die arme ländliche Gegend und gingen nach Kapstadt. Gefährlich, sagten weiße Freunde, aber eine Gesellschaft, die diese Art Kontakt systematisch ausschließt, scheint dir noch gefährlicher zu sein.

Und wenn du im Hochgebirge bist und zum ersten Mal seit Tagen nach Fels und Schnee wieder auf Asphalt stehst, fährst du noch immer per Anhalter. Niemand kennt dich. Manchmal ist weit und breit kein Auto zu sehen und du machst kehrt, wanderst talwärts. Du schnupperst die verrückt machende Schönheit dieser Welt und du weißt: Alles wird gut.

ODE AN JOOST ZWAGERMAN

Wir hatten uns auf dem Mont des Arts, dem Kunstberg in Brüssel, zum Essen getroffen. Joost, Maaike und ich. Joost war für ein paar Tage in der Stadt, seine Lebensgefährtin Maaike ist seit Jahren eine Herzensfreundin. Wir redeten endlos; über Brüssel, über die Niederlande, über bildende Kunst. Eine Unterhaltung mit Joost Zwagerman war ein Changieren zwischen der Betrachtung eines glitzernden Springbrunnens und einem beschwingten Spiel mit Meinungen, Überzeugungen, Erkenntnissen und Sachverstand. Gott, wie gebildet war dieser Mann. Joost war wissensdurstig und leidenschaftlich zugleich. Ein Kunstberg auf dem Kunstberg.

Ich sagte ihm, dass ich tief beeindruckt sei von *Door eigen hand* [Durch eigene Hand], seinem Buch über den Suizid. Ich hatte es gelesen, als ich für ein paar Monate auf einem alten Bauernhof in der

Westhoek gewohnt und über Selbsttötung bei Jugendlichen in der Gegend geforscht hatte. Ich fand sein Buch ausgesprochen mutig. Ein Aufruf zum Leben – trotz alledem –, nicht das bequeme Argument, dass jeder einfach das Recht habe, seinem Leben ein Ende zu setzen. Suizid müsse schwierig bleiben, war seine Ansicht.

Mein Kompliment tat ihm sichtlich gut. Das Buch sei ihm lieb und teuer, sagte er. Der gescheiterte Selbstmordversuch seines Vaters habe ihn tief getroffen. Das dürfe man anderen nie antun, argumentierte er, es hinterlasse einen unauslöschbaren Stempel. Heute weiß ich: Dieses Buch hat er vor allem gegen sich selbst, gegen seine eigene Finsternis geschrieben. Das macht es umso tragischer.

Wir schrieben uns. Über die Zeitschrift *Humo*, in der er eine Kolumne hatte, über René Magritte, über seine Kindheit in Jette, über die von ihm moderierte Fernsehsendung *Zomergasten* [Sommergäste], über Auftritte und Veranstalter. Was für ein temperamentvoller, großzügiger und geistreicher Mann war er doch. Kunst, Musik, Literatur, Americana: Seine Neugier war grenzenlos, sein Enthusiasmus ansteckend. Er war fraglos einer der facettenreichsten Autoren und umtriebigsten Geister seiner Generation.

Anfang September 2015 schickte er mir eine herzliche Mail: Der Abend im Niederländischen Bestattungsmuseum auf dem Amsterdamer Friedhof De Nieuwe Ooster könne, was ihn betreffe, stattfinden. Die Veranstalter hatten uns eingeladen, damit wir dort über Suizid sprechen würden. Die Zahlen waren in den Niederlanden seit sechs Jahren ohne Unterbrechung gestiegen. So schlimm wie in Belgien war es noch nicht – die Selbstmordrate bei uns ist doppelt so hoch wie die in den Niederlanden –, doch seit der Krise von 2007 hatte die Zahl der niederländischen Fälle um 37 Prozent zugenommen.

Joost war zunächst unschlüssig. Der Verlust seines Freundes Rogi Wieg machte ihm sehr zu schaffen. Rogi hatte sich zwei Monate zuvor wegen einer unerträglichen psychischen Krankheit das Leben genommen. Die Veranstalter schlugen deshalb vor, den Abend nicht als klassische Diskussion zu gestalten, sondern als eine Art Zeremonie. Wir mailten und trafen Absprachen. Joost wollte ein Videofragment von Rogi zeigen. Er mailte: »In dem Film sagt Rogi, dass man Menschen, die aufgrund einer psychischen Krankheit einen Todeswunsch haben, nie bei diesem Wunsch unterstützen darf, das heißt: nie aktiv mitwirken an dem selbst gewählten Tod. Morgen erscheint im *NRC-Handelsblad* auch ein Meinungsartikel über Rogis Tod, und auf der Grundlage dieses Artikels könnten wir unser Gespräch ausweiten hin zu der Frage: Wie geht man mit dem Todeswunsch eines geliebten Menschen um, wie reagiert man darauf ...« Ob ich und die Veranstalter mit diesem Vorschlag einverstanden seien, fragte er noch zum Schluss.

Eine Woche später war er tot.

Ich hatte geglaubt, seine dunkelsten Tage seien vorbei. Er machte so viele Pläne. Was um Himmels willen war mit ihm geschehen, an diesem Dienstag in seinem Haus in Haarlem, nachdem seine Freundin zur Arbeit gegangen war? Entgegen all seinen Prinzipien und Argumenten und Texten? Welcher Abgrund war in ihn gefahren? Welcher Herbst sickerte in seine Brust? Mensch, Joost.

ODE AN DAS SCHEITERN

Vor zwei Wochen sollte ich in Brüssel bei der Verleihung von einigen Förderstipendien eine kleine Rede halten. Fünfzehn junge Menschen aus dem ganzen Land – Künstler, Schriftsteller, Wissenschaftler – erhielten nach einem strengen Auswahlverfahren jeweils zehntausend Euro, über die sie frei verfügen durften.

Ich durchblätterte die Programmbroschüre und war tief beeindruckt von den hier Ausgezeichneten. Doch kurz bevor die Zeremonie begann, bekam ich mit, wie eine ältere Dame, die der Institution angehörte, zu ihnen sagte: »*Oui, oui*, heute wird gefeiert, aber morgen beginnt die richtige Arbeit. Dann wird sich jeder von Ihnen beweisen müssen.«

Ich fand diese Bemerkung fürchterlich.

Hatten diese jungen Leute nicht bereits einige Jurydiskussionen überlebt und ihr Talent mehr als hinreichend bewiesen? War so ein Förderpreis nicht eher ein Zeichen des Vertrauens als ein Zwang zum Erfolg?

Bis ich mit meiner Rede an der Reihe war, hatte ich mein Konzept teilweise geändert. Ich sagte etwas im Sinne von: »Liebe Preisträger, ich habe Sie in keiner Hinsicht zu belehren. Ich bin nicht weiter als Sie, ich weiß nicht mehr als Sie. Ich bin wie Sie auf der Suche. Wie Sie murkse ich noch jeden Tag herum. Der einzige Unterschied besteht darin, dass ich das schon ein bisschen länger mache.«

Und ich dachte: Diese Veranstaltung mit dem ganzen Tralala – es gab wirklich eine Menge Tralala: Ordensbänder, Champagner, Stöckelabsätze, Luftballons, Kameras – weckt vielleicht unnötig hohe Erwartungen bei den Preisträgern.

Dann kam die Passage, die ich soeben noch hinzugekritzelt hatte. »Sind Sie nun verpflichtet, erfolgreich zu sein? Unsinn. Sie erhalten dieses Stipendium, damit Sie scheitern dürfen, damit Sie ein Vorhaben in den Sand setzen dürfen. Es ist nobler, von einer gescheiterten Himalaya-Expedition zurückzukehren, als sich zu Hause einen Dokumentarfilm über den Himalaya anzuschauen.«

Auch Bildsprache darf schon mal misslingen.

Vor mehr als vierzig Jahren sagte Jacques Brel in einem berühmt gewordenen Interview: »Wahre Freiheit? Das ist das Recht, sich zu irren. Man hat das Recht, Fehler zu machen, man hat das Recht, auf den Bauch zu fallen. Denn dann, dann ist man frei! Erfolg ist nie ein Beweis von Freiheit, Scheitern dagegen immer.«

Ein Stipendium, ein Preis, ein Kompliment, eine Anerkennung – hat das alles denn nicht den Zweck, einem mehr Freiheit zu schenken und nicht weniger? Einen neugieriger und abenteuerlustiger und unabhängiger zu machen, oder etwa nicht?

Bei vielen Preisen ist jedoch gar nicht so gut erkennbar, wer wem eine Freude macht. Manche Institutionen stellen sich selbst gern in den Vordergrund, mit Dank an ein bereitwilliges Opfer, das man dann als Preisträger bezeichnet.

Eine Hochschule in Flandern war letztes Jahr sehr rührig, um ein »Mission Statement« zu formulieren. Hundert Jahre lang waren sie ohne ausgekommen, doch plötzlich war es eine ernsthafte Priorität. Die Dozenten hielten sich eher zurück, das Direktionskomitee strahlte, sobald es um das Thema ging, Mitarbeiter senkten den Kopf, als stünden sie um ein Grab. Arbeitsgruppen wurden gebildet, Rundmails versendet, Ideen gesammelt. Es gab Sitzungen, Ausschüsse, Textentwürfe und mehr von diesem Unsinn. Monatelang wurde an einem läppischen Text herumgefeilt.

Dabei hätte dort einfach stehen müssen: Wir Werden Unser Bestes Tun. Was sonst? Wir werden unser Bestes tun, und wenn etwas misslingt, ist das bedauerlich, aber nicht schlimm. Man hat nicht alles in der Hand, sich selbst manchmal am wenigsten.

In Brüssel wohnt der spanische Dichter José Ovejero. Ich kenne ihn schon seit ein paar Jahren. Als wir vor einiger Zeit *De Europese Grondwet in Verzen* [Die europäische Verfassung in Versen] zusammenstellten, schlug er vor, »den Tag der größten Niederlage / in jedem Land zum Nationalfeiertag aus[zu]rufen«. Das wurde Artikel 76 und 76a dieser Verfassung: Das Fest des Scheiterns.

Am 7. Mai 1945 kapitulierte Deutschland, am Ende, kaputt.
Bedauerlich ist das nicht.
Das Königreich Spanien ging am 16. 7. 1898 unter in der Bucht
                                                                              von Santiago.
Bedauerlich ist das nicht.
Am 18. Mai 1941 ergibt sich der Herzog von Aosta den
                                                                               Äthiopiern.
Bedauerlich ist das nicht.
Man müsste heraussuchen, wann genau

die Monarchie Österreich-Ungarn zerfallen ist.
Und den Tag der größten Niederlage
in jedem Land zum Nationalfeiertag ausrufen.
Weil wir nicht im Sieg,
nein, in den verlorenen Schlachten
wirklich lernen, wer wir sind
und wo wir ihn genommen haben, den Irrweg.

De Europese Grondwet in Verzen *[Die europäische Verfassung in Versen]* war ein Projekt des Brussels Dichterscollectief *[Brüsseler Dichterkollektiv]*, ein mehrsprachiges Lyrikprojekt in der europäischen Hauptstadt. Zusammen mit Peter Vermeersch zeichnete ich für die Redaktion verantwortlich Neem bijvoorbeeld graniet: de Europese grondwet in verzen (De Bezige Bij, 2011).
Das Gedicht von José Ovejero wurde von Svenja Becker übersetzt.

ODE AN PARIS

»Warum höre ich gar nichts von Stéphan-Eloïse?« Es ist zwei Uhr nachts. Ich bin schon seit Stunden zurück von der Theaterpremiere in Brüssel, ausgerechnet eines Stücks über die blutigen Anschläge der Killerbande von Brabant. Beim Hinausgehen rief mir der marokkanische Hausmeister zu, in Paris sei etwas passiert. Sechzig Tote inzwischen.

Ich erstarrte. Ich sollte eigentlich heute Abend in Paris sein, auf einer Party bei Stéphan, sie hat Geburtstag. Aber ich hatte zu viel Arbeit.

Zwei Stunden sitze ich nun schon zu Hause am Computer. Ich verspüre einen enormen Hunger nach Informationen, so als könnten mir Einzelheiten helfen, das Unbegreifliche zu verstehen. Das 10. Arrondissement wurde am schwersten getroffen? Du lieber

Himmel, da hätte ich heute übernachtet. Eine Geiselnahme im Bataclan? Aber dort habe ich diesen Sommer noch auf der Terrasse gesessen mit ein paar jungen, vielversprechenden Schriftstellern aus Belgien und den Niederlanden. Ein herrlicher Sommerabend. Bier. Korbstühle. Schallendes Gelächter.

Ich rufe eine afrikanische Freundin an, die in der Gegend wohnt. Sie sei in Sicherheit, sagt sie als Erstes. Sie arbeitet für Radio France Internationale und ist voll beschäftigt mit der Berichterstattung. Sie sucht nach Augenzeugen, sie wird heute Nacht in einem Hotel in der Nähe schlafen. Ich schicke Facebook-Nachrichten an Pariser Freunde: Sie leben noch. Facebook hat sogar eine Seite eingerichtet, auf der man sehen kann, wer ein Lebenszeichen versendet hat.

Ich besuche Paris schon seit meinem fünfzehnten Lebensjahr regelmäßig. Ich habe dort gelebt, ich habe dort gearbeitet, ich habe dort Freunde. Stéphan erforscht neue Technologien in Afrika, wir haben uns auf einem Festival in Brazzaville kennengelernt. Ab und zu gehen wir zusammen essen.

Paris. Von Brüssel aus ist man dort in eineinviertel Stunden. Noch immer kann ich mich an den ockerfarbenen Sandsteingebäuden entlang der Seine erfreuen, an den schweren Metallstühlen, die man im Jardin du Luxembourg an einen beliebigen Platz stellen darf. Ich muss lächeln, wenn ich den weichen Asphalt der Gehwege sehe, in den von den Ständern der Mopeds und Motorräder Hunderte kleine Rechtecke eingedrückt sind und das Trottoir an warmen Tagen wie Pockennarben übersäen. Ich muss lachen, wenn ich die lustig geknüpften kleinen Teppiche vor den Gullys sehe, wenn die Rinnsteine wieder einmal saubergespült werden. Ich muss lachen, wenn ich höre, wie in der Métro die Namen der Stationen zweimal ausgerufen werden, das eine Mal fragend, das andere Mal bestätigend. »Réaumur-Sébastopol? Réaumur-Sébastopol!«

Aber heute Nacht gibt es nichts zu lachen. Mein Herz blutet.

Ich rufe Stéphan an. Keine Antwort. Sie hat Geburtstag. Was macht das schon? Mein Geburtstag fällt sogar auf *nine eleven*. Noch einmal. Sofort der Anrufbeantworter. Ich denke: Ist das ein gutes Zeichen? Wenn sie tot wäre, würde das Telefon nicht mehr aufhören zu klingeln. Vielleicht spricht sie gerade? Oder das Netz ist überlastet?

Wie kann man das tun: einen Konzertsaal betreten und in eine Menschenmenge schießen? Und das nicht als einen Akt extremer Feigheit empfinden, sondern sich als Held fühlen? Ich sehe die kurze Filmaufnahme, die ein Journalist von *Le Monde* gedreht hat: Von seinem Appartement aus blickt er auf den Notausgang vom Bataclan. Und es ist nicht das Wegtragen einer Leiche, was mich schockiert, nicht die junge Frau, die an der Fensterbank hängt, sondern es sind diese Schüsse. Wie langsam sie kommen. Kein Sperrfeuer, kein Niedermähen mit dem Maschinengewehr. Sondern ein Schuss nach dem anderen, bedachtsam.

Einer der Überlebenden sagt hinterher: Ich lag regungslos unter einem Oberschenkel, meine Freundin hielt ich unter meinem Arm, wir stellten uns tot. Wer sich bewegte, wurde erschossen.

Mein Herz blutet für Paris, für die Toten und ihre Lieben, ihre Familie, ihre Freunde, ihre Kollegen. Mein Herz blutet für diesen Moment in der Geschichte, an dem Menschen so entgleisen können. Ich denke an den Essay *Schreckens Männer. Versuch über den radikalen Verlierer* von Hans Magnus Enzensberger, noch immer der beste Text über das Thema, den ich kenne. Er meinte, zwischen Schießereien auf amerikanischen Campus und Selbstmordanschlägen radikalisierter junger Muslime gebe es keinen Unterschied. Es gehe nicht um Religion, sondern um Verlust.

»Die Massaker, auf die es ihm ankommt, inszeniert er als gelehriger Schüler Hollywoods, nach dem Vorbild des Katastrophenfilms, des Splatter-Movies und des Science-Fiction-Thrillers. […] Für seine Auftraggeber stellt der Selbstmordattentäter eine Waffe dar, die unschlagbar ist, weil sie von keinem Aufklärungssatelliten erfaßt und praktisch überall eingesetzt werden kann. Sie ist außerdem äußerst kostengünstig. [...] Auf den radikalen Verlierer übt sie [diese reinste Form des islamistischen Terrors] eine unwiderstehliche Anziehungskraft aus; denn sie erlaubt es ihm, seine Größenphantasien ebenso auszuagieren wie seinen Selbsthaß. [...] Sein Triumph besteht darin, daß man ihn weder bekämpfen noch bestrafen kann, denn das besorgt er selbst.«

Es ist nach zwei Uhr. Mein Handy klingelt. Stéphan. Lärm im Hintergrund. Die Geräuschkulisse einer Großstadt. Ja, sie lebt noch. Ihre Geburtstagsparty, tja, nein, das ist nun anders gelaufen. Sie hat mindestens einen Freund verloren, möglicherweise noch mehr. Er soll sich auf einen der Täter gestürzt haben, um Schlimmeres zu verhindern. Ein anderer Freund von ihr ist auf der Straße hinter jemandem hergelaufen, der ein Maschinengewehr hatte. Es sind so viele, sagt sie.

Es kann an meinen französischen Facebook-Freunden liegen, aber ich finde, dass die Reaktionen auffallend ruhig und würdevoll sind. Keine dummen Verallgemeinerungen, keine wütende Sprache. Milde und kluge Nachrichten werden geteilt und geliked. Dieser beherrschte Ton steht in direktem Gegensatz zu dem Diskurs, den der französische Präsident einige Zeit später anstoßen wird: Er spricht von einem »Kriegsakt«, begangen von »einer Terrorarmee«.

Samstagmorgen. Stéphan und ich schreiben einander. »Ich habe wenig geschlafen«, sagt sie, »mir geht's schlecht, Tränen und Kopfschmerzen wechseln sich ab.« Sie weiß noch nicht, wie viele Menschen sie verloren hat. Die Behörden raten, daheim zu bleiben. »Ich kann es immer noch nicht glauben, *putain*. Ich hätte dabei sein können.«

Ich schaue auf die rechte Seite bei Facebook. Eine Torte mit einer

Kerze steht neben ihrem Namen. Sie schreibt noch etwas: »Eine Freundin von mir hat es überlebt. Sie war kurz zur Toilette. Sie ist die einzige Überlebende.«

Der Essay Schreckens Männer. Versuch über den radikalen Verlierer *von Hans Magnus Enzensberger ist 2006 bei Suhrkamp erschienen.*

ODE AN DIE KONZENTRATION

Kürzlich sah ich auf YouTube ein merkwürdiges Video. Es trug den Titel *mental preparation*. Ein echter Internethit war es nicht: Ich war erst der siebenundzwanzigste Zuschauer. Dennoch war es überirdisch schön.

Stiller Morgen, nasses Gras, das Knarren von Schuhen auf Asphalt.

Was um Himmels willen tat der Mann in Schwarz dort im Nebel? Übte er einen unbekannten Kampfsport aus? Studierte er eine Sequenz zeitgenössischen Tanzes ein? Hatte er deshalb das Blatt Papier in der Hand? Oder war er einfach völlig übergeschnappt?

Um ehrlich zu sein: Ich wusste es bereits. Ich sah mir das Video nachts im Bett an, nachdem ich von einer Einladung zum Essen in Antwerpen nach Hause gekommen war. Wir hatten uns zu fünft getroffen: ein Paar, eine Freundin, die Gastgeberin und ich. Die Gastgeberin hatte hervorragend gekocht. Der männliche Part des Paares war der Mann im Video. Wir hatten uns lange unterhalten. Kristof Cloetens ist nicht nur Düsenjägerpilot bei der Luftwaffe, sondern auch belgischer Meister im Kunstflug in der Kategorie *Unlimited*, dem höchsten internationalen Schwierigkeitsgrad. In den Niederlanden wurde dieses Niveau bis vor Kurzem nicht geflogen. »Die Bewegungen sind ganz exakt«, erzählte er. »Bei einer Rolle dreht sich meine Maschine 420 Grad pro Sekunde. Also wenn ich bei einem Wettkampf schnell hintereinander eine Viertelrolle machen muss, darf ich den Knüppel nur einen Sekundenbruchteil bewegen. Die Jury unten erlaubt uns eine Fehlertoleranz von maximal drei Grad.«

Ich hörte zu. Dass die Maschine sehr rudimentär sei. Kaum Platz für eine Person. Keine Heizung, nicht mal wasserdicht. Regen sickere ins Cockpit. Besser, man zieht eine Winterjacke an. Bordapparatur? Höhenmesser, Winkelmesser, das sei es in etwa. Hightech? Ein paar Stahlkabel Richtung Heck und Tragflächen. Orientierung? Richte dich nach dem Horizont – wenn du ihn findest.

Ich beugte mich über mein Thai-Curry. Natalie tat uns noch mal auf. Ich habe es eigentlich nicht so mit Fliegern. Fünf meiner besten Freunde sind durch das unverantwortliche Verhalten einer amerikanischen Militär-Crew vor zwanzig Jahren in den italienischen Alpen ums Leben gekommen. Die Piloten glaubten, sie könnten unter einer Seilbahn hindurchfliegen. Sie durchtrennten das Seil. Ein Trupp Machos.

Kristof ist völlig anders. Er spricht mit Ruhe und Hingabe von seinem Sport, ohne sich damit großzutun. »Wir wollen weg von dem Begriff *stuntvliegen*. Das klingt so leichtsinnig, so waghalsig. Der Sport heißt Kunstflug. Er ähnelt eigentlich dem Eiskunstlauf. Auch bei uns gibt es Pflicht und Kür.«

In dem Video studiert er seine Kür ein, eine Sequenz von *loopings, rolls, tail slides* und noch ein paar magenumdrehenden Figuren. Es ist fast unglaublich, dass das, was dieser Mann dort im stillen Nebel probt, zu Kunststücken mit vierhundert Stundenkilometern ein paar hundert Meter über der Erde führt, während die 315 PS des Propellermotors röhren und die g-Kräfte an ihm zerren.

»Wir sind Kräften von −7,5 bis zu +8,5 g ausgesetzt, das ist viel, vor allem die negativen, die dich aus dem Sitz heben, dagegen kannst du wenig machen. Du kannst nicht die Muskeln anspannen oder dich dagegenstemmen. Davon kriegst du nur Kopfschmerzen. Die positiven g-Kräfte zerren enorm an den Wangen. Ich kriege davon sogar Hämatome auf der Haut.«

Wie das in der Luft aussieht? Ein anderes Video war vierundzwanzigmal angeschaut worden, als ich es in dieser Nacht entdeckte: Sanicole 2017 Extra 330. Dieser Blick. Dieses Gesicht. Geh nun zurück zum vorigen Video. Schau nicht mehr hin, hör nur zu. Hör die Schritte in der Frühe, den Wind im Mikrofon. Ganz selten einen Atemzug.

Vielleicht ist Konzentration ja das Schönste, was es gibt. In Zeiten von pausenlosen Mitteilungen und Push-Benachrichtigungen, von elender ewiger Verfügbarkeit und absurd schnellen Lieferzeiten, sich in solchen Zeiten ungestört mit voller Hingabe und totaler Fokussierung einer Sache widmen zu können, auch wenn sie zu nichts nütze ist, wenn es kaum jemand bemerkt, wenn niemand es anklickt, ist nicht nur etwas Seltenes geworden. Es hat fast etwas Religiöses. Die Handlung um der Handlung willen. Schönheit um der Schönheit willen. Die Präzision der Gebärde.

»Nein«, sagte Kristof, »ich halte nichts von Draufgängertum. Außerdem habe ich Höhenangst. Ich trau mich nicht mal, auf ein Gerüst zu steigen.«

ODE AN DIE PUTZFRAU

Am Geruch wissen, welcher Tag es ist. Spät nach Hause kommen. Beim Eintreten merken: Ach ja, Mittwoch heute. Licht an. Der Teppichflor ist wieder aufgerichtet. Frischer Schnee, noch von niemandem berührt.

Das Schlafzimmer: ein Hotelzimmer mit frischer Bettwäsche. Das Badezimmer: sich selbst wieder in den Hähnen sehen, langgestreckt. Das Arbeitszimmer: Sie hat deinen Zettel und das Geld gefunden. Wie viele dieser Zettel hast du in den vergangenen Jahren geschrieben? Keine Ahnung. Alle zwei Wochen einen.

»Bonjour S., du brauchst die Bettwäsche heute nicht zu wechseln, ich war viel im Ausland.«

»Hallo S., nichts Besonderes heute. Falls du magst, im Kühlschrank steht Suppe.«

Einmal hat sie gesagt, dass sie das nett finde, diese Zettel. Das ist Jahre her. Seit wie vielen Jahren kommt sie überhaupt schon? Vierzehn? Fünfzehn? Sie war noch »illegal« damals. Was für ein schreckliches Wort. Die Papiere für sie und ihre Familie kamen erst später. Du hast ihrem Mann noch dabei geholfen. Du hast ihre Kinder aufwachsen gesehen. Deren Französisch wurde besser als ihr Albanisch. Das sprachen sie mit ihr, aber sie schrieben es nicht oder kaum. Das drollige Töchterchen wurde eine junge Frau. Der Sohn ging später zur Uni.

Noch immer eine gewisse Verlegenheit empfinden. Noch immer an die Worte Gandhis denken, dass man das ganze Leben lang auch einfache Arbeiten verrichten sollte. Er setzte sich ans Spinnrad. Wissen, dass er recht hat. Deshalb hast du keinen Geschirrspüler. Aber trotzdem: die paar Teller, machst du dir da nichts vor? Es ist so wenig, so wenig verglichen mit dem, was sie hier alles tut.

Dich fragen, ob du ihr wirklich genug bezahlst. Dich fragen, wie sie das durchhält, sechs Tage die Woche, bei all den Familien und Singles, deren Wohnungsschlüssel sie hat. Dich von deinem Unbehagen freikaufen mit hin und wieder einem größeren Betrag. »Ich habe einen Preis gewonnen« auf den Zettel schreiben. Oder murmeln. Ihr strahlender Unglaube dann. Noch verlegener werden.

Manchmal zu Hause sein, wenn sie da ist. Geräusche aus der Kindheit dann: jemand, der im Nebenzimmer summt. Das Eintauchen eines Wischmopps. Das Zischen eines Dampfbügeleisens.

»Komm, S., wollen wir zusammen was essen? Möchtest du Tee?«

Ihr zuhören, wenn sie von ihrem Land erzählt. Von der Familie. Der Gesundheit ihrer Mutter in der Ferne. Sturzflut von Worten in ihrem einfachen Französisch. Du bist einmal in ihr Land gereist und hast dort mit ihrem Bruder Fisch gegessen in einer heruntergekommenen Autobahnraststätte. Seitdem kannst du dir unter den Ortsnamen etwas vorstellen. Unter dem Heimweh auch.

Vielleicht weiß niemand mehr über dich als sie. Sie hat im Schrank Frauenkleidung gefunden und wieder verschwinden sehen. Sie hat Betten gesehen, zerwühlt von Liebe und von Schlaflosigkeit. Sie hat die dunkle Kehrseite deiner öffentlichen Präsenz gesehen. Sie stellt keine Fragen. Niemand hat mehr zu deinem Überleben aller Turbulenzen beigetragen als sie.

Nach all den Jahren bügelt sie noch immer deine Unterwäsche. »Pour tuer les microbes«, sagt sie überzeugt, wenn du wieder einmal einen Versuch unternommen hast, sie von dieser unsinnigen Gewohnheit abzubringen.

Vor Jahren fühltest du dich einmal hundeelend. Du hast angerufen, um ihr zu sagen, dass sie am nächsten Tag nicht kommen sollte. Sie kam noch am selben Abend, zusammen mit ihrem Mann. Es war Dezember und eiskalt. Sie brachten einen Topf Suppe mit. Ein altes Familienrezept vom Balkan. Einen Topf Suppe. Sie und ihr Mann. Sie waren damit durch die Straßen von Brüssel gelaufen, in der Kälte. Eine Hand an jedem Griff, als trage sie den Topf vom Herd zum Esstisch. Aber dann durch die Kälte, in Brüssel, im Dunkeln.

Es ist Jahre her. Noch immer ein Kloß im Hals.

ODE AN DIE EUCHARISTIE

Angenommen: Du bist auf Reisen in einem fernen, warmen Land und dein *Rough Guide* oder *Lonely Planet* erwähnt in einem speziellen blauen Kästchen ein jahrhundertealtes Ritual, bei dem sich Anhänger irgendeines Kultes zu einem festen Zeitpunkt versammeln, um zu singen, zu murmeln, zu essen und Texten zu lauschen, die mindestens zweitausend Jahre alt sind und von einem Mann in traditionellem Gewand vorgelesen werden, der dann inmitten von Flammen und Dämpfen ein Buch, ein Brot und einen Kelch hochhebt, ein Ritual, bei dem Außenstehende stets willkommen sind, ungeachtet ihres Glaubens, und dass es außerdem, nicht unwichtig für den Abenteuerreisenden, *gratis* ist, obwohl es doch leicht eine ganze Stunde dauern kann. Wer möchte, darf ein paar lokale Kupfermünzen in eine Schale werfen, aber das muss nicht sein. Es wäre ein ziemlicher *top spot,* um es in der touristischen Fachterminologie auszudrücken.

Dieses Ritual existiert. Es ist: die Messe. Doch da es so nah ist, sehen wir das Bemerkenswerte daran nicht mehr. In spätkatholischen Regionen wie Flandern und den südlichen Niederlanden schrumpft die Minderheit, die noch daran teilnimmt, immer mehr. Für die meisten Bewohner ist es etwas von früher, ein Relikt aus dem vorigen Jahrhundert – zumindest, wenn die Erinnerung daran nicht kontaminiert ist durch alte Schuldgefühle, schlimme Erfahrungen oder neuere Enthüllungen. Jeroen Brouwers' Roman *Das Holz* brachte all das kürzlich auf brillante Weise noch einmal an die Oberfläche, vielleicht ja zum letzten Mal.

Vor einigen Jahren bezeichnete sich der flämische Essayist Luc Devoldere als »postkatholisch«: Die inhaltlichen Dogmen waren ihm eher fremd geworden, die Formsprache blieb ihm vertraut. Ein guter Begriff, doch offenbar sind viele noch nicht postkatholisch genug, um die Schönheit, die angewelkte Schönheit des Christentums und seiner Rituale, wieder würdigen zu können.

Hin und wieder gehe ich in eine Kirche, in Brüssel oder im Ausland. Immer muss ich dann an die unvergesslichen Sätze in »Church going« denken, jenem meisterhaften Gedicht von Philip Larkin, in dem es in der ersten Strophe noch eher beiläufig heißt:

Da hutlos, nehme
Ich die Radklammern in verlegner Andacht ab

Um anschließend Zeile für Zeile drängende Fragen zur Zukunft dieser Gebäude zu stellen:

Weiter wird irgendeine Macht ihr Wesen treiben,
In Spielen, Rätseln, scheinbar ganz ins Blaue;

Doch Aberglauben muß wie Glauben schwinden,
Und wenn Unglaube starb, was wird dann bleiben?
Gras in den Ritzen, Dornen, Säulen, Himmel

Obwohl er nicht weiß, wie viel jene »Scheune, muffig opulent«, wert ist, konstatiert er:

Es tut mir gut, in Stille hier zu stehn;
Ein ernstes Haus ist es auf ernster Erde.

Ich habe einmal an einer Ostermesse in einem koptischen Kloster in der ägyptischen Wüste teilgenommen: drei Stunden lang überirdische Schönheit. Ein anderes Mal: russisch-orthodoxe Hochzeit in Sankt Petersburg. Und natürlich all die Feierlichkeiten im Kongo, prachtvoll, überschwänglich, endlos.

Im Herbst letzten Jahres erhielt ich eine Einladung, in der Abtei Orval über meine Arbeit zu sprechen. Orval liegt versteckt in den tiefen belgischen Ardennen, inmitten ockerfarbener Laubwälder. Die Mönche dort leben schon seit einigen Jahrhunderten in Stille, doch hin und wieder ist Zeit für ein Gespräch. »Unsere Kommunität ist klein geworden«, hatte mir der Abt geschrieben, »ich weiß nicht, ob wir Ihr übliches Honorar bezahlen können.« Als ich ihm antwortete, dass mein Honorar aus zwei Kästen Orval und einem Bett bestehen könnte, war die Sache abgemacht. Ich konnte ja schwerlich zwischen den Wölfen im Unterholz schlafen.

Nach meinem Vortrag durfte ich mit zum Abendgebet. In der großen, dunklen Art-déco-Kirche sangen eine Handvoll Männer im dunklen Habit das Salve Regina zum Tagesabschluss. Draußen lagen die kalten Wälder. Die Mönche standen dem erleuchteten Bleiglasfenster mit der Jungfrau Maria hoch oben in der Kirche zugewandt. Ich sah nur ihre Rücken, ihre singenden Rücken und die

Schultern, die sich nach jeder gregorianischen Liedzeile kurz beim Einatmen wölbten. Und ich stand da, gottlos getröstet durch alte Worte, alte Gesten und so viel Schönheit.

Die Übersetzung von Philip Larkins Gedicht Church going *stammt von Werner von Koppenfels.*

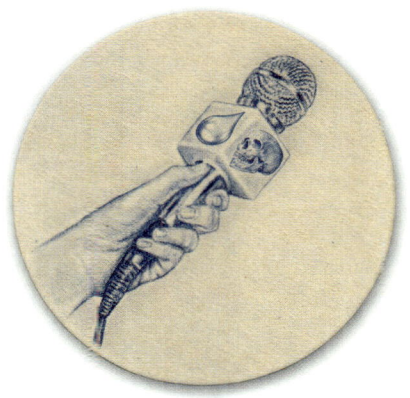

ODE AN DEN TROST

Als mein Vater starb, war er schon einige Jahre tot. Wie oft war ich wohl auf dem Parkplatz des Krankenhauses nach einem x-ten Besuch in mein Auto gestiegen, nicht imstande, gleich wieder wegzufahren? Hände am Steuer, müde seufzend. Wie sollte das demnächst werden, wenn er wirklich nicht mehr da war?

Einen Monat nach der Beerdigung bemerkte eine entfernte Bekannte, wie ich das Leben wieder aufnahm. Sie sagte: »Na, irgendwann wird es dich doch noch umhauen.« So ein Rückschlag müsse und werde kommen, meinte sie, sonst würde ich meine Trauer verdrängen, und das sei nicht gut.

Ich hatte nicht übel Lust, ihr selbst einen »Rückschlag« zu verpassen.

Was sollen solche normativen Bemerkungen? Früher durfte man

Trauer nicht zeigen. Das war nicht in Ordnung. Heute *muss* man seine Trauer zeigen. Das finde ich auch nicht in Ordnung. Wir haben nun so großes Verständnis für den Kummer anderer Menschen, dass wir uns nicht mehr die Mühe machen, zuzuhören. Verständnisvoll: das Wort selbst sagt es schon. Was voll ist, kann nichts mehr aufnehmen.

Wie umgehen mit der Trauer anderer? Rezepte gibt es nicht. Manchmal hilft ein stiller Arm um eine schluchzende Schulter, manchmal auch nicht. Manchmal hilft ein gut gemeinter Rat, oft auch nicht. Doch was am wenigsten von allem hilft, ist Hilfe. Oder besser: Hilfe, die zu lösungsorientiert ist, die zu aktiv eine Veränderung bewirken will. Man kann einen Boden so sehr düngen, dass er erstickt.

Mir wäre lieber gewesen, diese entfernte Bekannte hätte einfach gefragt, wie es mir gehe, und sich vorurteilslos meine Antwort angehört. Dann hätte ich sagen können, dass meine kurze Trauer mich zwar selbst überraschte, aber nicht beunruhigte.

Ich hatte inzwischen erkannt, dass nicht alle Trauer post mortem geschieht, dass man auch trauern kann, ehe ein Mensch stirbt. Diese zahlreichen Momente in meinem Auto auf dem Parkplatz des Krankenhauses: Das war Trauer. Jedes Mal zu sich kommen müssen nach einem weiteren Besuch bei dem zusehends verfallenden Mann, der einmal mein Vater gewesen war: Das war Trauer. Das schmerzliche Bewusstsein, dass dieser Mann, trotz allem, noch immer mein Vater war: Das war Abschied.

Als er schließlich in der Hitzewelle des Jahres 2006 starb, hatte ich mich mit dem Gedanken versöhnt, dass dieser Tag kommen würde. Mein bester Freund mailte mir am Tag nach der sonnenüberfluteten Beerdigung auf dem Land nahe Brügge: »Wenn wir akzeptieren können, dass das Leben mit dem Tod endet, war gestern eigentlich ein sehr schöner Tag.« Das fand ich wunderbar.

Zwischen den Stapeln der Kondolenzkarten steckte eine völlig weiße Postkarte. Unter stand nur in einer vertrauten Handschrift: »Alles Liebe, Ivo und Eveline.« Nichts hat mich mehr berührt.

So viel Raum bekommen. So viel sein dürfen.

Vielleicht war das ja genug. Trost ist weniger eine Frage des Gewährens als des Gewährenlassens: Raum schaffen, Luft zulassen. Die Karte weiß lassen. Man wird dann schon sehen, ob es hilft.

Plötzlich musste ich an den Titel der außergewöhnlich originellen Dissertation von Yra van Dijk über das typografische Weiß in unserer modernen Lyrik denken: *Leegte, leegte die ademt* [Leere, Leere, die atmet].

Ob es das ist? Die Leere, die atmet, das Weiß, das zuhört? Manchmal tröstet zuhören mehr als reden. Manchmal ist Neugier respektvoller als Diskretion. Nicht im Sinne journalistischer Aufdringlichkeit, sondern schrankenloser Aufgeschlossenheit. Vorfühlen, nicht nachbohren.

Letztes Jahr wohnte ich fünf Monate auf einem Bauernhof im Süden der Provinz Westflandern, um Hinterbliebene von Menschen zu interviewen, die sich das Leben genommen hatten. Die Provinz hat die höchste Suizidrate Flanderns, und der flämische Durchschnitt ist bereits eineinhalb Mal so hoch wie der europäische (und doppelt so hoch wie der niederländische). Wenn ich mit Eltern telefonierte, die ein Kind verloren hatten, fiel mir auf, dass sie schon während des Telefongesprächs ausführlich zu erzählen begannen. Und wenn ich sie später besuchte, bemerkte ich nichts von der sprichwörtlichen Verschlossenheit im spätagrarischen Flandern. Im Gegenteil. »Am Anfang darf man seine Geschichte ja noch erzählen«, sagte eine Mutter, »aber nachher schweigen die Leute darüber, weil sie meinen, dass es mir weh tut, wenn sie davon anfangen. Aber ihr Schweigen tut mir noch viel mehr weh.«

Nun denn: eine Ode an das schrankenlose Zuhören in Zeiten

des Verlustes und auch viel später, ein Plädoyer für das Vorfühlen, was sich in einem anderen Menschen unterschwellig abspielt, ein Lobgesang auf das Zuhören, ohne zu werten. Eine Ode, kurz gesagt, an die weiße Karte, auf der nur steht: »Alles Liebe«.

ODE AN DAS STIMMENGEWIRR

Es ist Winter 1996, und ich wohne in einem jammervollen, grauen Paris. Die Bäume: eckig schwarz. Der Regen: Juckreiz am Fenster. Jemand sagt: »Hier, lies das mal.« *Place de l'Etoile* von Patrick Modiano. Noch nie davon gehört. Ich sitze auf dem Bett und versinke. In der Zeit, in der Sprache, in der Stadt. Seitdem gibt es das Leben vor und nach Modiano. Ein Leben, in dem die Wehmut noch keinen Namen hatte, und ein Leben danach.

Modiano ist nicht der Mann der großen Worte oder der allumfassenden Theorien. In seiner Zurückhaltung hat er etwas sehr Unfranzösisches: Er verzichtet auf stilistische Virtuosität. Mitglied der *Académie française* ist er nie geworden. Er ist ein schüchterner Autor, eher der poetischen Sprache von Marguerite Duras verwandt als der Gelehrsamkeit von Marguerite Yourcenar. Man könnte ihn den französischen Paul Auster nennen; das gleiche Umherstreifen in der Stadt, die gleiche Sehnsucht nach Wärme.

Gedichte hat Patrick Modiano nie veröffentlicht, aber Drehbücher, Kinderbücher, autobiografische Texte und sehr viele Romane, ungefähr jedes Jahr einen, schmal, klar, ungreifbar, eigentlich immer wieder denselben Roman, aber Lyrik? Nein, nie. Und doch: Wenn ich das Regal mit Modianos in meinem Bücherschrank durchgehe – er nimmt weitaus den meisten Platz von allen zeitgenössischen französischen Autoren ein –, dann bilden die Buchrücken spontan ein Gedicht:

Un cirque passe.

Dimanches d'août.
Rue des Boutiques obscures.
Quartier perdu.
Accident nocturne.
Les Boulevards de ceinture.
Des inconnues.
Dans le café de la jeunesse perdue.
Villa Triste.

Es ist verblüffend, mit welch sparsamen Mitteln er ein ganzes Universum heraufbeschwören kann. Jeder, der ein paar Jahre Französisch in der Schule hatte, kann ihn lesen. In den niederländischen Sprachraum ist er nie völlig durchgedrungen, auch wenn Arnon Grunberg ihn schon seit Jahren bejubelt und ich mir lange Zeit vorgenommen hatte, ihn zu übersetzen.

Seine langsamen, stillen Bücher handeln immer von jungen Menschen, die in den Nachkriegsjahrzehnten in einer verlassenen Stadt, meist Paris, ihren Weg suchen. Es ist häufig dunkel, oder

Herbst, oder August, wenn alle anderen in den Ferien sind wie in *Du plus loin de l'oubli*, vielleicht sein bestes Buch. Erwachsene sind oft mysteriöse Gestalten, Eltern sind abwesend oder unzuverlässig. Der Protagonist macht die Bekanntschaft eines hübschen, zärtlichen, ungreifbaren Mädchens, das auf einer Party auftaucht oder an einer Metrostation und ebenso plötzlich wieder aus seinem Leben verschwindet. Er läuft durch die Straßen mit einem Reisekoffer, einem gestohlenen Gemälde oder einem Brief, dessen Inhalt er nicht kennt. Manchmal gibt es das Licht eines Hotels oder eines Taxis, doch die Stimmung der Entfremdung und der Nichtigkeit löst sich nie ganz auf.

»Unser Leben hängt immer wieder am seidenen Faden eines Schweigens«, steht in *Dans le café de la jeunesse perdue* (Im Café der verlorenen Jugend) von 2007. So vage die Personen sind, so scharf sind die Details: ein Pariser Straßenname, ein schöner alter Buick, ein ockerfarbener Pelzmantel. Es macht Patrick Modiano zu einer Art Archäologe der Fünfzigerjahre. »*J'ai la mémoire des vêtements*«, heißt es in *Villa Triste*. Ich habe ein gutes Gedächtnis für Kleidung.

Ein einziges Wort musste ich nachschlagen, als ich 1996 anfing, ihn zu lesen. *Brouhaha*. Es kommt in jedem seiner Bücher vor. Stimmengewirr. Vielleicht ist es ja das Modiano-Wort par excellence. Man hört die Stimmen, aber versteht sie kaum. Man nimmt die Zeit wahr, bleibt aber ein Außenseiter. Viel Trost bieten seine Bücher nicht. Sie ziehen einen eher runter, als dass sie einen aufrichten. Aber manchmal ist es ein größerer Trost, sich verstanden zu fühlen, als aufgemuntert zu werden.

ODE AN DAS WIEDERSEHEN

Ich sitze im Zug von Albany nach New York und schreibe mit der Hand. Neben den Bahngleisen strömt majestätisch der Hudson. Jenseits des Flusses: rostfarbene Wälder, die düstere Silhouette der Catskill Mountains. Ich bin für einen Monat Writer in Residence in der ländlichen Umgebung des Hudson Valley. Wenn ich gleich in Manhattan bin, werde ich bei jemandem klingeln, den ich längst tot geglaubt hatte.

Vor zwanzig Jahren reiste ich zum ersten Mal in die USA. Als Doktorand der Vorgeschichte besuchte ich einen großen Kongress über menschliche Evolution auf Long Island. Er fand in den Cold Spring Harbor Laboratories statt, einer Forschungseinrichtung, die damals von James Watson geleitet wurde, einem der Entdecker der DNA-Struktur in den Fünfzigerjahren.

Im Foyer stand ein maßstabsgetreues Modell der Doppelhelix. Befreundete Primatologen ließen sich davor fotografieren und sprachen vom »Doppelfelix«. Ich schüttelte dort einem alten, bizarren Mann mit einer unglaublich albernen Mütze die Hand. Er hatte achtzehn Ehrendoktorate und einen Nobelpreis, unser Watson. Doch die Nobelpreismedaille ließ er zehn Jahre später achselzuckend versteigern, etwas, was kein einziger Preisträger vor ihm jemals getan hatte. Nach ein paar rassistischen Äußerungen war er in Ungnade gefallen und vorübergehend in Geldnot geraten. Die Medaille brachte vier Millionen Dollar ein.

Als junger Wissenschaftler war ich im allerseltsamsten Phänomen des amerikanischen Campuslebens untergebracht: *shared accommodation*, ein Doppelzimmer mit jemandem vom selben Geschlecht. Ich befürchtete die Ankunft irgendeines selbstsicheren Widerlings, der sich nonstop mit seinen Forschungsergebnissen brüsten würde, doch zu meiner Erleichterung war mein Zimmernachbar nach eineinhalb Kongresstagen immer noch nicht aufgetaucht. Noch mitgenommen vom Jetlag, haute ich mich auch in der zweiten Nacht früh in die Falle, mit zunehmendem Triumphgefühl, weil ich die Alleinherrschaft über diese Holzhütte hatte.

Ich döste ein.

Dann ging die Tür auf. Im Licht der Türöffnung erblickte ich eine gedrungene Gestalt, die mit melodiös-krächzender Stimme »Hi!« rief. Ein alter Mann, dachte ich, nanu? Mit einer Entschuldigung machte er das Licht an und stellte seine Tasche auf das leere Bett. »Ähm, hallo«, antwortete ich und tastete nach meiner Brille.

Der Mann sagte, er heiße Bob und sei hier einfach aus Interesse. Hobby: Kongressbesucher. Er bewegte sich außerdem sehr seltsam. Sein Nacken wirkte massiv. Wenn er den Kopf drehen wollte, musste er den ganzen Körper drehen.

In den folgenden Tagen lernte ich ihn besser kennen. Wenn wir abends nach den vielen Veranstaltungen im Bett lagen, er in seinem und ich in meinem, *mind you*, erzählte er mir Episoden aus seinem Leben. Er war Arzt und stammte aus einer jüdisch-russischen Familie. Sein Urgroßvater, Baujahr 1854, war in die USA ausgewandert. Sein Vater, ein Kommunist, hatte ihm nach dem Zweiten Weltkrieg eingeschärft: »*Bowb*, there is a god, but we don't believe in him.« Eine Auffassung, die Bobs zweite Frau, mit der er in einem Appartement an der Upper East Side wohnte, nicht mit ihm teilte.

Bob war Internist, spezialisiert auf Alkoholismus und andere Formen von *substance abuse*. Ich erzählte ihm vom Alkoholismus in meinem näheren Umfeld, denn ich komme aus einem durstigen Teil der Welt, aber er äußerte weder einen Rat noch ein Urteil. Stellte nur ein paar Fragen. Heilkunde war für ihn keine Form von selbstgefälliger Allmacht, sondern von neugieriger Ohnmacht.

Bob war neugierig auf alles. Medizin, Evolution, Kunst, Geschichte, Politik, Religion, Literatur. Er hatte einmal Kurt Vonnegut eingeladen zu einer Lesung in seinem New Yorker Krankenhaus. Nach *Slaughterhouse Five* war Vonnegut weltberühmt geworden, doch Bob hatte ihm am Telefon gesagt, dass kaum Geld vorhanden sei für ein Honorar. Worauf Vonnegut trocken erwidert hatte: »*How about lunch?*« Die beiden wurden gute Freunde. In einem seiner Bücher bezeichnete Vonnegut Bob als »Heiligen«, und was er damit meinte, geht aus seiner unglaublichen, klassisch gewordenen Definition hervor: »Mit Heiligen meinte ich Menschen, die sich in einer erstaunlich unanständigen Gesellschaft anständig benehmen.«

Bob erzählte mir während unserer nächtlichen Unterhaltungen, dass er in Vietnam mit dem Jeep auf eine Mine gefahren sei. Der Fahrer war auf der Stelle tot. Er selbst hatte Metallteile in den Nacken bekommen. Operation. Seitdem konnte er den Hals nicht mehr bewegen.

»Magst du nach dem Kongress ein paar Tage zu uns kommen?«

Ich bekam ein Gästebett und lernte von seiner strengjüdischen Frau, wie ich die beiden Anrichten in der Küche benutzen musste. Als ich an einem schlaftrunkenen Morgen die Milch falsch abgestellt hatte, erhielt ich Nachhilfeunterricht, und Bob bog sich vor Lachen. Liebe, das ist vor allem, einander nicht ändern zu wollen, glaube ich.

Beim Abschied schenkte ich ihnen einen Stapel Bücher, die ich bei Strand gefunden hatte. *The Discovery of Heaven. The Sorrow of Belgium. Cheese.* Wenige Monate später verlor ich fünf Freunde bei einem Unglück und zertrümmerte mein Leben. Obwohl ich Bob davon berichten wollte, schaffte ich es nicht. Keine Kraft, glaube ich. Einen Monat später noch nicht, sechs Monate später noch nicht. Um die Zeit, als ich es konnte, war es peinlich: Wenn es so wichtig war, warum dann schweigen, argumentierte ich an seiner Stelle. Das machte ich damals noch, anstelle anderer denken

Achtzehn Jahre gingen vorüber. In die USA reiste ich fast nie. Afrika war es, das an meinen Reisekoffern zog. Aber vor zwei Wochen hielt ich einen Vortrag im Metropolitan Museum. Ich lief durch sein altes Viertel und ging davon aus, dass er längst verstorben sei. Als ich nach der Veranstaltung eine Pizza in der Gegend aß, kam ich mit einem Paar um die fünfzig ins Gespräch. In New York, begriff ich, kommt man immer mit jemandem ins Gespräch, und sei es nur, weil man niesen muss. Der Mann war ein Urologe, der in der Gegend viele Prostatae operierte. Ich fragte ihn, ob er Doktor Robert Maslansky zufällig noch gekannt habe. Das hatte er nicht, aber ein paar Tage später mailte er mir, dass Bob noch immer lebe und schon seit 59 Jahren Arzt sei. Hier eine Adresse.

Nachricht von mir: »Are you that man?«

Antwort: »I am that man.«

Achtzehn Jahre ist es her. Der Hudson wird immer breiter. In der Ferne sehe ich die Silhouette einer Stadt. Gleich klingele ich an seiner Tür.

ODE AN
DEN TEPPICH VON BAYEUX

Der schönste Gegenstand in Europa ist eine Stickarbeit. Nicht eine Designlampe, ein Reliquienschrein, eine Tiara oder der Citroën DS, nein, eine Stickarbeit. Nun ja, Stickarbeit: Sie ist siebzig Meter lang und einen halben Meter hoch und hängt in der Normandie, einer Region, in der die beste Butter der Welt hergestellt wird, aber das war es dann auch schon.

Vor ein paar Jahren schob ich mich zwischen den Besucherhorden im Halbdunkel an dem weltberühmten Tuchstreifen entlang. Er entstand gleich nach der Schlacht von Hastings im Jahr 1066 und ist schlichtweg verblüffend. Ich hielt die Schlange auf, glaube ich, und sah dennoch nur einen Bruchteil der 626 Menschen, 202 Pferde, 55 Hunde, 49 Bäume und 41 Schiffe. Darüber und darunter wimmelt es von Fabelwesen. Die Stickerei ist virtuos, die Erzählung atemberaubend.

Als erlebe man die Geschichte vor tausend Jahren aus nächster Nähe mit. Als dürfe man die Berichterstattung über jenen einen Tag, Samstag, den 14. Oktober 1066, live verfolgen. Als lausche man am Kamin einem privilegierten Augenzeugen, einem Überlebenden, der sich obendrein als formidabler Erzähler entpuppt.

Mehr als zehntausend Krieger nahmen an der entscheidenden Schlacht in Südengland teil. Wilhelm der Eroberer war mit siebenhundert Schiffen aus der Normandie aufgebrochen, um den angelsächsischen König Harald zu besiegen und selbst den englischen Thron zu besteigen. Der Wandteppich erzählt das alles, erhaben, lebendig, ruhig der Apotheose zustrebend. Das Vorfeld des Konflikts. Die Beratungen. Das Einschiffen. Die Überfahrt. Das Festmahl. Und dann: Hufgetrappel, Waffengeklirr, das Schwirren Tausender Pfeile, Schreien, Weinen, schnaubende, wiehernde Pferde, Notschreie, Haudegen, Verletzungen, Enthauptungen, abgeschlagene Arme, der Boden sumpfig vom Blut. Es war entsetzlich. Es war Wahnsinn.

Und es ist noch immer schauerlich. Vergiss die anfängliche Verwunderung über die ulkigen Gesichter und die drolligen Szenen. Dies ist die *Ilias* von Nordwesteuropa, die Graphic Novel des *Beowulf*, es sind die Illustrationen der Isländersagas. Und zugleich ist es eine Präfiguration von Bosch, Goya und Ensor. Es ist Tolstoi und Tolkien aus dem elften Jahrhundert.

Ich bin maßlos gefesselt vom frühen Mittelalter. Die fünf Jahrhunderte römischer Herrschaft davor: hm. Mit ihren Amphoren und Togen und Vomitorien. Nicht wirklich mein Ding, die italienische Frivolität und das Kotzen nach dem Mahl. Die »dark ages«, die nach dem Jahr 500 begannen, fand ich schon immer weitaus spannender. Verworrener, turbulenter, vertrackter. Eine Zeit von Völkerwanderungen, Machtkämpfen, Ehre und Gewalt.

Europa ist mehr als die griechisch-römischen und jüdisch-christlichen Traditionen, auf die kultivierte Zeitgenossen mit ihrem Glas

Pinot grigio in der Hand so gern verweisen. Es ist so viel mehr als der Einfluss von verfeinerten, verstädterten mediterranen Kulturen, die die Schrift kannten. Europa war auch dies: rein agrarisch, heidnisch, kriegerisch, maskulin, unrasiert, Bier trinkend und schnell in der Ehre gekränkt. Ein Europa ohne Städte und steinerne Gebäude, errichtet aus Moos, Torf, Holz und Leder. Zugig und kalt.

Es ist ein uraltes Substrat. Man sieht es schon in der Eisenzeit, im ersten Jahrtausend vor unserer Zeitrechnung. Es kam zurück, nachdem die Römer abgezogen waren und die Germanen einfielen. In Skandinavien und Irland, Gebiete, die nie romanisiert waren, gingen Eisenzeit und frühes Mittelalter nahtlos ineinander über, trotz der Einführung des Christentums. Und die Normannen auf dem Teppich von Bayeux stammten natürlich von den »Nordmännern« ab, den Wikingern. Sie hatten sich im Westen Frankreichs angesiedelt und würden nun die Insel gegenüber an sich reißen.

Sieh dir die Schwerter und die Hellebarden und das Zaumzeug an. Die Frisuren und die Kleidung, die Nahrungsmittel und den Schiffsbau. Es ist ein Selfie aus der Eisenzeit. Und dennoch: Es ist eindeutig das Jahr 1066. Sogar der Halleysche Komet, der in jenem Jahr erschien, ist abgebildet. Die Inschriften sind auf Latein oder sollen jedenfalls dafür durchgehen: HIC EST VVILLELM DVX (»Hier ist Herzog Wilhelm«). Und sogar ein Bischof hoch zu Ross ist dabei, noch ein Zeichen von Modernität. Obwohl: Er kämpft einfach mit. Weil er kein Blut vergießen darf, kämpft er nicht mit dem Schwert, sondern mit einem Knüppel. Heuchelei gab es schon immer. Normanne zu sein und Christ, das ist gar nicht so einfach.

Am Teppich von Bayeux kann man sich nicht sattsehen. Die Wolle wurde mit Pflanzenauszügen gefärbt, von Krapp, Wau und Waid – allein schon die Namen. Was für eine ferne, alte Welt. Mehrere Menschen haben gleichzeitig daran gearbeitet. In England oder in der Normandie? Männer oder Frauen? Schweigend oder plaudernd? Wir wissen es nicht. Zwei Jahre nach der Schlacht war er fertig. 1792 während der Revolution wurde der lange Leinenstreifen fast zerschnitten von Soldaten, die eine Plane für ihren Proviantkarren benötigten.

Wenn mir ein Arzt sagen würde, ich hätte noch drei Monate zu leben, ich würde keine große Weltreise mehr planen. Ich würde bei Freunden und geliebten Menschen sein wollen, Lyrik lesen und für ein Wochenende nach Bayeux fahren. Denn das, was dort auf diesem Tuch vorbeizieht, ist mehr als Gewalt und Adel und Pferde, mehr als Triumph und Herrschsucht. Was dort vorbeizieht, siebzig dunkle Meter lang, ist nichts anderes als der Kampf des Menschen mit sich selbst. In Kreuzstich.

ODE AN DAVID BOWIE

Samstagabend, es ist ein paar Wochen her. Ich liege wach in einem Hotelzimmer in Amsterdam. Vor ein paar Stunden bin ich mit dem Zug aus Paris angekommen, am nächsten Tag werde ich im Polit-Talk *Buitenhof* sitzen. Die Gracht funkelt in tausend Scherben orangefarbenen Lichts. In der Gare du Nord habe ich mir die französische Ausgabe des *Rolling Stone* gekauft.

Eigentlich habe ich keine Zeit dafür, doch auf dem Cover ist ein Held. Im Zug habe ich den langen Artikel sofort gelesen. Der *diamond dog* selbst kam darin nicht zu Wort, aber die fünf New Yorker Jazzmusiker, die mit ihm ein paar Wochen lang ein Album aufgenommen haben. Sie äußerten sich nur in Superlativen. Diese Stimme. Diese Höflichkeit. Dieser Eigensinn. Seine nie nachlassende Neugier.

Dabei kaufe ich sonst nie Musikzeitschriften. Wie lange kann ein Popkünstler Magie ausstrahlen? Fünf Jahre? Zehn Jahre? Maximal. Es sei denn natürlich, er heißt David Bowie. Ein halbes Jahrhundert lang fesseln, nie stillstehen, mit jedem Album neue Wege einschlagen. Glam Rock, Funk, Cabaret. Ein halbes Jahrhundert lang immer wieder wagen, sich zu verirren, es manchmal tatsächlich tun. Was wird es diesmal sein?

Ich lege den Titelsong »Blackstar« auf und lausche im Dunkeln. Den lächerlichen Videoclip werde ich erst ein paar Tage später sehen, zum Glück. Nur Klang, eine fremdartige Landschaft, nebelhaft, düster und unheimlich. Mein Hotelzimmer wird zu einem Feldbett in einer nächtlichen Tundra.

In the villa of Ormen, in the villa of Ormen
Stands a solitary candle, ah-ah, ah-ah
In the centre of it all, in the centre of it all
Your eyes

Militärische Trommelwirbel. Die schwebende, manchmal fast feminine Stimme. Die Villa von Ormen? Verweist das vielleicht auf *Ormen*, das Debüt von Stig Dagerman aus dem Jahr 1945, einen existenzialistischen Roman über Todesangst und Verzweiflung? Doch die Stimme klingt so klar, so rein wie in den Siebzigerjahren. Leonard Cohen sackt mit jedem Album eine Oktave tiefer, Bowie schafft immer noch mühelos sein Falsett.

On the day of execution, on the day of execution
Only women kneel and smile, ah-ah, ah-ah
At the centre of it all, at the centre of it all
Your eyes, your eyes

Ja, seine Augen, seine berühmten Augen. Bowie wiederholt sich nie, nicht einmal seine Augen. Groß und grün links, schmal und blau rechts. Wer ihn ansieht, weiß nicht, was er eigentlich sieht. Er kommt näher und zieht sich wieder zurück.

Ah-ah-ah
Ah-ah-ah

Die Basslinie ist weggefallen. Ein jazziges Saxophon hat übernommen. Der Schlagzeugwirbel ist über ein Bebop-Intermezzo plötzlich zu einem Technobeat geworden. Was für ein brillanter Drummer übrigens, dieser Mark Guiliana. Und was für ein bizarrer Song! Ich weiß nicht, was ich davon halten soll, es ist, als hörte ich David Bowie zum ersten Mal.

Aber wie oft habe ich ihn nicht schon zum ersten Mal gehört? Das erste Mal, als ich das kantige Intro von »Ashes to Ashes« hörte: War das wirklich derselbe Typ, der Gitarrenklassiker wie »Space Oddity« und »Rock 'n' Roll Suicide« geschrieben hatte? Das erste Mal, als ich die Nadel in die Rille von »Let's Dance« sinken ließ: Ich habe die unwiderstehliche Single bestimmt hundert Mal aufgelegt in meinem Schlafzimmer. Das erste Mal, als ich »Heroes« auf Deutsch hörte: der Soundtrack zu *Christiane F* schien noch besser als das großartige Original. Oder das letzte Mal, als ich »Star Man« hörte: Es war am Ende der *DWDD*-Folge, die Joost Zwagerman gewidmet war, und da saßen wir dann, einer wie der andere überwältigt von diesem allbekannten Stück, das so neu klang.

Was geschieht hier plötzlich bei diesem neuen Song »Blackstar«? Echos seiner Stimme? Spacy-Effekte? Normalerweise kommt damit doch kein Mensch durch heutzutage! Und nun schwirrt plötzlich noch ein Fetzen Free Jazz hindurch? Worauf läuft das hinaus?

Wir sind in der vierten Minute, und der Song bricht abrupt ab.

»Blackstar« besteht, wie sich zeigt, aus zwei völlig verschiedenen Stücken, wie »A Day in the Life« von den Beatles. Wie füllen Bowie und sein Produzent Tony Visconti die Lücke zwischen beiden Teilen? Mit den gleichen Geräuschen, mit denen ein Raumschiffstart suggeriert wurde in »Space Oddity« 1969, seinem ersten Welthit. Chaos am Anfang, Chaos am Ende.

Was dann geschieht, ist nichts weniger als ein Wunder. Bowies Stimme bricht völlig auf, wird wieder verletzlich und empfindsam. Er ist wieder sein androgynes Alter Ego Ziggy Stardust, der »Five Years« singt. Ich liege hellwach im Bett, Frühling in der Tundra.

Something happened on the day he died
Spirit rose a metre and stepped aside
Somebody else took his place, and bravely cried
(I'm a blackstar, I'm a blackstar)

Die letzte Zeile hat der Produzent so bearbeitet, dass es scheint, als lägen zwei dünne, unheimliche Stimmen übereinander. Was beim ersten Hören seltsam klingt, ist oft das, was hinterher hängen bleibt. Ewiges Gesetz der Popmusik. Schmirgelpapier hält die Aufmerksamkeit gefangen. Doch »Blackstar« ist lauter Schmirgelpapier, noch dazu von unterschiedlicher Korngröße. Das Stück poliert und kratzt fortwährend. Sollte das sein Testament sein?

How many times does an angel fall?

Das Schlagzeug kommt wieder hinzu, katzenfreundlich diesmal.

How many people lie instead of talking tall?

Wie er »how« singt …

He trod on sacred ground, he cried loud into the crowd

Dieses Echo auf »loud«.

(I'm a blackstar, I'm a blackstar, I'm not a gangster)

Und auch hier wieder das raueste Schmirgelpapier, dreimal nacheinander.

»Blackstar« ist eine Kombination aus Bowies Kompositionen, Studio-Improvisationen und Tony Viscontis beispielloser Nachbearbeitung.

Das zehn Minuten dauernde Stück wird noch sehr jazzig werden, einen Moment sogar nordafrikanisch klingen, ehe es zurückkehrt zu jener mysteriösen Villa of Ormen aus dem ersten Thema. Aber ich bleibe auf 6:16 hängen, wo er zum zweiten Mal singt: *Something happened on the day he died.*

Ich liege längst nicht mehr in einem Hotelbett in Amsterdam. Ich sitze an einem Tisch in einem preiswerten Hotelzimmer in Jakarta. Jemand hat gerade die Nacht auf die Stadt mit dreißig Millionen Einwohnern hinabgeworfen, sodass die Hitze darunter gefangen ist. Vor ein paar Stunden habe ich die Nachricht vom anderen Ende der Welt gehört, und seitdem höre ich mir den Song wieder an.

Something happened on the daa-ay he died.

Eine Silbe. Eine einzige Silbe, die mich beim Genick packt.

»Er war also doch sterblich?«, lese ich schon den ganzen Tag in den sozialen Medien. »War er wirklich erst 69?«, denke ich. Wie viele Leben passen eigentlich in eines?

Wissen, dass man unheilbar krank ist, nur die engsten Freunde einweihen, und unterdessen in aller Stille mit ein paar jungen Musikern ein letztes Meisterwerk schaffen. Ja, das ist ein Testament. Nicht im Sinn einer Rückschau, sondern eines ungestillten Hungers und Enthusiasmus.

At the centre of it all, your eyes, your eyes.

ODE AN
DIE ORGANSPENDE

Wenn ich später nicht mehr bin
und auf dem Stahltisch liege
zöger nicht, mach deinen Job
schätz mich ein mit Kennerblick
und ernte mich ja ernte mich
Pflück mich leer wie im Mai
Amseln einen Kirschbaum
schlag Nüsse aus meinem Leib
nach der Schule im September
kletter in meine tote Krone
fang die Früchte mit den Händen auf
Wieg meine Nieren wie ein Metzger
leg meine Lungenflügel in eine Schale

zieh mir die Haut ab und dehne mich
breite mich sanft über
eine Verbrennung dritten Grades
Spür mich dann du junger Mann
du Frau aus fernen Ländern
spüre wie ich innerlich fühle
und spüre wie ich mich verändere
dein Rücken mit dieser gespannten Haut
dieser Lache mit ausgefranstem Rand
einst geliebt, genauso heftig
wie du von anderen Händen
Das Ziehen Jucken das du spürst
ist nichts als Glut die weiterschwelt
wo ich einst abgeblieben bin
eine Hand eine Nacht ein lauer Fleck
ein letztes sanftes Streicheln

ODE AN
UNSERE RELIGIÖSEN AUTORITÄTEN

Die Zeitungen lesen. Die Debatten verfolgen. Die Links anklicken zu Artikeln, die Freunde täglich teilen. Und manchmal so müde davon werden. Etwas vermissen. Was nur? Das langfristig Wichtige? Das Gemeinwohl? Das tägliche Politspiel ist selten visionär. Was also?

Moral, glaube ich. Das vor allem.

Ich stelle so wenig moralische Autorität bei den führenden Politikern in Europa heute fest. Merkel? Tja, vielleicht. Aber was sagt es über den Zustand unseres Kontinents aus, wenn die höchste moralische Äußerung der vergangenen Jahre ein banaler, pragmatischer Satz aus drei Wörtern war? Wir schaffen das. Der Kontinent, in dem vor mehr als zwei Jahrhunderten die erste universelle Erklärung der Menschenrechte formuliert wurde, gibt sich nun offensichtlich zufrieden mit so etwas wie »wir werden das schon hinkriegen«. Der Erdteil, in dem vor nicht allzu langer Zeit nach dem größten Blutvergießen der Geschichte die größte Friedensinitiative aller Zeiten begann, die Vereinigung Europas, gerät heute ins Staunen, wenn jemand in diesem vereinten Europa noch einmal eine ethisch motivierte Äußerung riskiert.

Ist es ihnen vielleicht peinlich? Scheut eine Generation von Politikern, die mit dem Postmodernismus aufgewachsen sind, davor zurück, allzu große Ideale allzu explizit zu vertreten? Schon möglich. Zugleich sehne ich mich nach dem ungeniert moralischen Diskurs eines Václav Havel oder Nelson Mandela in den Neunzigerjahren. Das war damals kein Schwulst, sondern historische Dringlichkeit. Ja, könnte man sagen, der Mauerfall und das Ende der Apartheid-Ära, damals durfte man schon mal kurz die Großen Werte in den Mund nehmen. Aber ist es denn heute anders? Fluchtbewegungen, Erderwärmung, Terroranschläge, Bankenkrise, Steuerparadiese, zunehmende Ungleichheit, Zukunft der Demokratie, Europas Schicksal – leben wir etwa nicht in historischen Zeiten?

Die europäische Union durchläuft die schlimmste Krise seit ihrer Entstehung, möglicherweise geht das ganze Projekt in die Brüche, aber wie viele wirklich historische Ansprachen haben wir seither gehört? Wie viele wirklich visionäre Plädoyers? Nach dem Brexit-Votum sprachen Frans Timmermans und Guy Verhofstadt leidenschaftlich vor dem Europäischen Parlament, gewiss, aber der konsequent moralische Diskurs von nordamerikanischen Politikern wie Obama oder Trudeau bleibt bisher aus. Was bisher auch ausbleibt, ist eine mutige Vision, die in diesen turbulenten Zeiten für eine friedliche und nachhaltig lebende Gesellschaft eintritt. Denn darum geht es heute: eine friedliche und nachhaltig lebende Gesellschaft.

Ein kleiner Test. Von wem stammt folgende Äußerung? »Das Drama der auf unmittelbare Ergebnisse ausgerichteten politischen

Planung, die auch von Konsumgesellschaften vertreten wird, führt zu der Notwendigkeit, kurzfristig Wachstum zu erzeugen. Mit Rücksicht auf die Wahlen setzen die Regierungen sich nicht leicht der Gefahr aus, die Bevölkerung mit Maßnahmen zu verärgern, die dem Konsumniveau schaden oder Auslandsinvestitionen gefährden können. Die Kurzsichtigkeit beim Aufbau der Macht bremst die Aufnahme eines Umweltprogramms mit weiter Perspektive in die öffentliche Tagesordnung der Regierungen.«

Und wer sprach nochmal diese geflügelten Worte? »Wir müssen wieder spüren, dass wir einander brauchen, dass wir eine Verantwortung für die anderen und für die Welt haben und dass es sich lohnt, gut und ehrlich zu sein. Wir haben schon sehr viel Zeit moralischen Verfalls verstreichen lassen, indem wir die Ethik, die Güte, den Glauben und die Ehrlichkeit bespöttelt haben, und es ist der Moment gekommen zu merken, dass diese fröhliche Oberflächlichkeit uns wenig genützt hat.«

Geraten? Die Antwort lautet in beiden Fällen: Papst Franziskus. Es handelt sich hier um einige Abschnitte seiner im vorigen Jahr erschienenen Enzyklika *Laudatio si*, vielleicht der wichtigste Text der katholischen Kirche seit einem Jahrhundert. Für solche grundlegenden Worte scheint es in der europäischen Politik von heute keinen Raum mehr zu geben. Es sieht so aus, als hätten wir das Gespräch über Normen und Werte vollständig populistischen Politikern zum Geschenk gemacht.

Eine andere Quizfrage. Von wem stammt dies? »Ich denke an manchen Tagen, dass es besser wäre, wenn wir gar keine Religionen mehr hätten. Alle Religionen und alle Heiligen Schriften bergen ein Gewaltpotenzial in sich. Deshalb brauchen wir eine säkulare Ethik jenseits aller Religionen.«

Noch ein Lösungstipp nötig? »Der Unterschied zwischen Ethik und Religion ähnelt dem Unterschied zwischen Wasser und Tee.

Ethik und innere Werte, die sich auf einen religiösen Kontext stützen, sind eher wie Tee. Der Tee, den wir trinken, besteht zum größten Teil aus Wasser, aber er enthält noch weitere Zutaten – Teeblätter, Gewürze, vielleicht ein wenig Zucker und – in Tibet jedenfalls – auch eine Prise Salz, und das macht ihn gehaltvoller, nachhaltiger und zu etwas, das wir jeden Tag haben möchten. Aber unabhängig davon, wie der Tee zubereitet wird: Sein Hauptbestandteil ist immer Wasser. Wir können ohne Tee leben, aber nicht ohne Wasser.«

Das Wort hat hier der Dalai Lama, das religiöse Oberhaupt des tibetischen Buddhismus, letztes Jahr zu seinem achtzigsten Geburtstag. Und er fügte hinzu: »Ich blicke mit Freude dem Tag entgegen, an dem Kinder in der Schule die Grundsätze der Gewaltlosigkeit und der friedlichen Konfliktlösung, also der säkularen Ethik, lernen.«

Ich bin noch genauso gottlos wie früher, doch ich finde diese jüngsten Äußerungen religiöser Würdenträger vernünftiger, beeindruckender und inspirierender als das, was ich täglich aus dem Mund führender Politiker höre.

Was für eine Aufgabe, in diesen Zeiten zu leben. Aber auch was für ein Vorrecht, einige großartige Zeitgenossen zu haben. Ich glaube, in den vergangenen Jahren habe ich mehr dazugelernt vom Papst und vom Dalai Lama und von Desmond Tutu, Ismail Serageldin, Michael Lerner und Karen Armstrong als von welchem europäischen Politiker auch immer.

Desmond Tutu war der erste schwarze Erzbischof der Anglikanischen Kirche von Südafrika. Nach dem Sturz des Apartheid-Regimes war er Vorsitzender der Wahrheits- und Versöhnungskommission und schrieb darüber *Keine Zukunft ohne Versöhnung*, eines der wichtigsten Bücher, die ich je gelesen habe.

Ismail Serageldin ist Direktor der Bibliotheca Alexandrina in Alexandria, vielleicht das wichtigste Forschungszentrum in der arabischen Welt. Der praktizierende Muslim wird manchmal als »der intelligenteste Mann Ägyptens« bezeichnet. Seit ich ihn voriges Jahr auf einer Konferenz in Alexandria über Demokratie und Islam reden hörte, hoffe ich, dass ihn immer mehr Menschen entdecken mögen.

Michael Lerner ist Rabbiner in Berkeley. Auf der Beerdigung von Muhammad Ali, einem *self-styled* Muslim wohlgemerkt, hielt er eine Rede, die um die Welt ging. Den eigenen Glauben hoch zu schätzen, bedeutet nicht, dem Glauben anderer Geringschätzung entgegenzubringen.

Karen Armstrong ist eine britische Religionswissenschaftlerin und ehemalige katholische Ordensschwester, die in ihrer Arbeit sehr überzeugend nachwies, dass Mitgefühl der zentrale Wert des Judentums, des Christentums, des Islam, des Buddhismus, des Hinduismus, des Konfuzianismus, des Taoismus und einer Reihe weiterer Religionen ist. Ihre *Charter for Compassion*, die sie gemeinsam mit führenden religiösen Persönlichkeiten auf der ganzen Welt aufgestellt hat und die inzwischen von 3 Millionen Menschen unterzeichnet wurde, ist nichts weniger als ein moralisches Grundgesetz für die Welt in Zeiten der Globalisierung.

Diesen Sommer hatte ich das Privileg, einen Tag lang in London ihr Gast zu sein. Ich sprach mit ihr im Rahmen einer Interviewreihe für die belgische Tageszeitung *De Standaard*. Sie sagte: »Die großen religiösen Traditionen von heute haben alle in Zeiten von Krieg und politischen Unruhen begonnen. Die goldene Regel, dass man einem anderen nichts antun darf, was man selbst nicht erleiden möchte, hat jede dieser Traditionen für sich aufgestellt. Nicht deshalb, weil ein Haufen netter Menschen es für eine prima Idee hielt, sondern weil ein paar praktisch denkende Köpfe einsahen, dass sich die Menschen sonst gegenseitig vernichten würden.«

In dem Moment, in dem wieder einmal die Gefahr besteht, dass wir uns gegenseitig vernichten, kann es nicht schaden, von Neuem auf das zu hören, was die Vertreter jahrhundertealter Traditionen zu sagen haben. Das Gespräch über die Zukunft einer globalisierten Welt ist zu wichtig, um es nur gewählten Politikern zu überlassen. Politiker sind mit mindestens den folgenden vier Jahren beschäftigt, religiöse Oberhäupter mit mindestens den vergangenen tausend Jahren. Wir benötigen all die Weisheit, die es gibt.

ODE AN DAS RISIKO

Frankreichs bekanntester Buddhist, Matthieu Ricard, trug im Sommer 2015 bestürzende Zahlen zusammen:

- Heute spielen Kinder zehnmal weniger draußen als vor dreißig Jahren. Das ist wissenschaftlich erfasst und bewiesen. Ein Buddhist zu sein bedeutet nicht, empirische Forschung abzulehnen.
- Von 1997 bis 2003 ist die Zahl der Kinder von neun bis zwölf Jahren, die in der Natur spielen, um die Hälfte gesunken. (Der Deutlichkeit halber: 2003 gab es noch keine Smartphones, Tablets und Social Media. Wie es dann wohl heute aussieht, kann man sich vorstellen.)

In Flandern gibt es immer mehr Kinder, die sich noch nie eine Schramme, eine kleine Wunde oder eine Beule zugezogen haben. Super? Nein. Sie werden zu einer Gefahr für sich und die Gesellschaft: Wer seine gesamte Kindheit auf Fallschutzmatten und im Bällebad verbringt, dessen »Risikokompetenz« ist gleich null. Gerade diese Umgebungsanalphabeten sind besonders unfallgefährdet.

In der Katholischen Universität in Leuven ist inzwischen eine Studie angelaufen, die herausfinden soll, wie Kinder lernen können, besser mit Gefahren umzugehen. Lasst sie auch mal mit einer scharfen Schere basteln, lautete eine der Empfehlungen. Ja ja.

Von der Schramme zum Display: So könnte man die Evolution darstellen.

Der Sicherheitsreflex beschränkt sich längst nicht nur auf den Spielplatz, die Stehauftasse und das kinderfreundliche Restaurant. Unsere Gesellschaft ist offenbar so vom Sicherheitsdenken besessen, dass risikovermeidendes Verhalten zur Norm geworden ist.

Wer heutzutage erwägt, sich auf ein Risiko einzulassen, gilt nicht mehr als mutig, sondern als leichtsinnig. Wer heutzutage versucht, die Folgen einer Entscheidung zuvor möglichst gut einzuschätzen, und dabei auf einen guten Ausgang hofft, aber auch das eventuelle Gegenteil in Kauf nimmt, gilt nicht mehr als verantwortungsbewusst, sondern als verantwortungslos.

Bravheit herrscht. Und wie in den Fünfzigerjahren wird sie belohnt. Der gute Bürger ist ein braver Bürger, vorzugsweise auch: ein williger Konsument. Der ideale Untertan des Spätkapitalismus hat keine blauen Flecken, höchstens innere Verletzungen, die mit ein paar Stunden gezielter Verhaltenstherapie und hin und wieder einer Shoppingtour erträglicher gemacht werden können.

Wer drei Wochen nach dem Tod eines geliebten Menschen noch immer unglücklich ist, leidet an pathologischer Trauer, so das DSM-5. Aber es gibt eine Pille dagegen!

Weil wir nicht mehr zurechtkommen mit dem Schicksal, versuchen wir es mit Hilfe von Regeln zu beschwören. Flugzeugentführer dringen ins Cockpit ein? Wir sorgen dafür, dass die Tür künftig nicht mehr von außen geöffnet werden kann. Der Pilot ist der Idealbürger: männlich, weiß, gut aussehend und klug – wir können uns nicht vorstellen, dass die Verzweiflung sich auch in seinem Kopf einnisten könnte.

Die Tragik unserer Zeit: dass wir glauben, wir müssten das Tragische bekämpfen. Und dass dieser Kampf, dieser neurotische Zwang zur Zähmung des Unbezähmbaren, viel gefährlicher ist als das ursprüngliche Risiko.

Es ist wichtig, nicht alles in Regeln zwängen zu wollen. Es ist wichtig, einzusehen, dass man nicht alles beherrschen kann. Es ist befreiend, ein gewisses Quantum an Risiko zuzulassen.

Der ehemalige Direktor des flämisch-niederländischen Huis De Buren in Brüssel, Dorian Van der Brempt, dachte sich irgendwann das Wort *risicovreugde* aus (Risikofreude; Anm. d. Ü.: im Unterschied zum Deutschen existiert das Wort im Niederländischen erst seit Kurzem). Ein wunderbarer und dringend notwendiger Neologismus: Gegen das Wort »Risikoaversion«, das im Eiltempo Gemeingut wurde, musste einfach eine Gegenkraft kommen. Also dann: Risikofreude! Die Freude, etwas zu wagen. Das Vergnügen, etwas auszuprobieren. Risikofreude ist die höchste Form von Großzügigkeit und die schönste Form von Freiheit.

Das Schicksal nicht verbannen wollen mit der Mistgabel und Heuforke unserer Angst – gegen die Flammen des Lebens richten sie ohnehin nichts aus –, sondern akzeptieren, dass man nicht alles in der Hand hat. Die Angst vor dem Schicksal nicht größer werden lassen als die Lebensfreude. Wer Kirschen essen will, muss auf den Baum klettern.

ODE AN
DAS NICHTFOTOGRAFIEREN

Viertausendzweihundertachtzig Kilometer wandern, fünf Monate unterwegs sein und dann das: ein Film mit lauter Selfies. Der Mann war von Mexiko nach Kanada gewandert, über den Pacific Crest Trail, und hatte nach jeder Meile ein Foto von sich gemacht. Das eine Mal im Regencape, dann wieder mit einer Stirnlampe, das eine Mal erschöpft, dann wieder strahlend. Und das etwa dreitausend Mal. Innerhalb von vier Minuten konnte man zusehen, wie er gut zwanzig Kilo verlor.

Super für ihn, dachte ich, aber, öhm, wie war die Landschaft? Warum unternimmt jemand eine so lange Tour allein, wenn er alle zwanzig Minuten an sein Konterfei denken muss? Warum begibt er sich in die zeitlose Natur, wenn er ständig damit beschäftigt ist, wie er später über jetzt reden wird? Was stimmte nicht mit der Gegenwart? Mit dem Ort selbst? Es scheint mir verdammt schwierig, die ganze Zeit nur im Futur II leben zu müssen: Ich werde gewandert sein. Aber in der Gegenwart zu leben ist zweifellos noch schwieriger. Ich wandere: eine sehr vertrackte Zeitform des Verbs.

Atemberaubende Stop-Motion-Filme vom Nordlicht und den Wasserfällen in Island. Endlose Aufnahmen vom Vaporetto auf dem Canal Grande. Millionen Fotos von AFIs im Krügerpark.

Tja, sei's drum.

(Sie kennen das AFI nicht? Ich lernte diese interessante südafrikanische Gazellenart dank eines ziemlich vergnügten Rangers dort kennen: »Yeah, on your left, an AFI. Another fucking impala.«)

Wie kommt es nur, dass wir nicht mehr schauen können, ohne auf den Auslöser zu drücken? Dass wir nicht mehr sehen können, ohne zu filmen? Wir haben das Gefühl, etwas verpasst zu haben, während objektiv gesehen gerade das Fotografieren und das Filmen schuld daran sind, dass uns alles Mögliche entgeht. In der Fototasche kramen, den Bildausschnitt wählen, während der Alligator das Maul aufsperrt, und noch rechtzeitig auf das aufgeschreckte AFI zoomen. Was für ein Stress das alles. War die wilde Natur nicht allein schon spannend genug?

Sylvain Tesson, der unermüdliche französische Abenteurer, der für sein fantastisches Buch *In den Wäldern Sibiriens: Tagebuch aus der Einsamkeit* sechs Monate lang in den sibirischen Wäldern lebte, schreibt irgendwann, dass er sich weigert, noch etwas zu fotografieren. Da saß er dann in seiner eingeschneiten Blockhütte. Die Stille des zugefrorenen Baikalsees. Das späte Licht auf den verschneiten Hügeln. Die Schneelast auf den Tannenzweigen. Es ließ sich ohnehin nicht wiedergeben. Was für eine Hybris, dieser Drang, alles einzufangen. Was für eine Respektlosigkeit. Es sei so etwas wie Verrat, meinte er, Verrat am Hier und Jetzt.

Vor sieben Jahren tourte ich mit meiner damaligen Freundin

kreuz und quer durch Albanien. Wir hatten keine Lust, alles Mögliche fotografieren zu müssen, und wir hatten noch weniger Lust, die ästhetischen Seiten des Landes und uns selbst festzuhalten. Wen hätten wir damit eigentlich betrügen wollen, die Daheimgebliebenen oder uns selber?

Wir verabredeten: Komm, wir kaufen eine Einwegkamera mit sechsunddreißig Aufnahmen und machen zweimal am Tag ein Foto, um 10 Uhr und um 16 Uhr, wo wir auch sind, was wir auch tun, wie schön oder hässlich es auch sein mag. Und nein, wir werden nicht lange kadrieren oder zoomen, bis wir einen schönen Bildausschnitt haben, wir knipsen einfach drauflos. Radikale Ehrlichkeit. Eine Einwegkamera hat übrigens auch gar keine Zoomfunktion.

Gesagt, getan. Unser Reisewecker klingelte zweimal täglich für den Fotomoment. Pflichtgemäß zogen wir dann den Fotoapparat aus dem oberen Fach des Rucksacks und verewigten albanische Parkplätze, Baustellen und Reifendienste – Landschaftsphänomene, an denen die Republik Albanien übrigens besonders reich zu sein schien. Einmal klingelte der Wecker sogar mitten in einem Streit. Wir gingen gerade in der Hitze an einem Zaun entlang, der kein Ende nahm, und mussten schrecklich lachen. Selten waren wir so frei von fotografischen und anderen Zwangsneurosen.

Unser System funktionierte zwei Wochen lang hervorragend. Über das Ergebnis sind wir noch immer im Unklaren. In der dritten Woche wurde unser Fotoapparat, der acht Euro gekostet hatte, nämlich geklaut. Irgendwo in Albanien hockt nun ein Rotzbengel mit Fotos von Reifendiensten von vor sieben Jahren. Es wird ihm eine Lehre sein, dem Schlingel. Nacktfotos hatten wir uns für eine andere Gelegenheit aufgehoben.

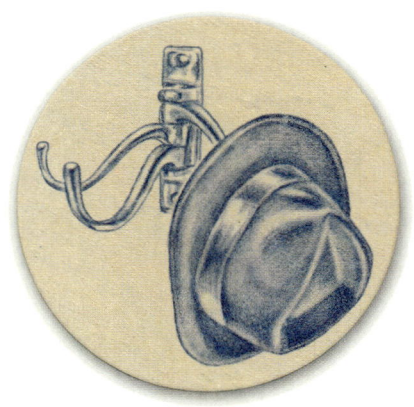

ODE AN LEONARD COHEN

Leonard Cohens Tod ist nicht einfach der Tod eines Popstars, sondern eines Freundes. Ich kenne wenig Künstler, zu denen so viele Menschen eine so vertraute Beziehung aufgebaut haben.

Leonard Cohen war jedem von uns nahe. Wenn wir auf dem Bett lagen oder durch die Alpen wanderten. Wenn wir verliebt waren und der oder die andere nicht. Wenn Liebe verging. Leonard Cohens Akkorde verflochten sich mit dem Leben, das wir führten, mit den Tagen, die wir aneinanderzuknüpfen versuchten zu so etwas wie einem Leben.

Wie ist es möglich, dass eine so einflussreiche, öffentliche Figur einem so hautnah sein konnte? Weil er über den ganzen Tumult der Popmusik hinausragte und ein Wegweiser war in unserem tastenden Dasein? Ja, aber dann einer, der den Weg auch nicht wusste.

Er trug keine Fackel, er deutete höchstens auf »the crack in everything«.

Er war mehr ein älterer Bruder als ein Vater, jemand, der immer schon mehr entlegene Winkel des Daseins erkundet hatte als man selbst. Er kam aus dem Alten Testament und aus Kanada.

Über den Krieg sang er und über das Judentum, über die Sprache und den Abschied und über den Buddhismus und die Sehnsucht. »Just take this longing from my tongue / All the lonely things my hands have done«, ertönte es in »Take This Longing«, »Let me see your beauty broken down / Like you would do for one you love.«

Wurde verzehrendes Schmachten jemals besser ausgedrückt?

Ja, vielleicht doch. Im Text von »If it be your will« beispielsweise. »If it be you will, that a voice be true / From this broken hill, I will sing to you.«

Und in seinem allerletzten Songtext, erst vor wenigen Wochen erschienen, schrieb er: »I wish there was a treaty we could sign. It's over now, the water and the wine. We were broken then but now we're borderline. And I wish there was a treaty, I wish there was a treaty between your love and mine.« Gäbe es doch einen Vertrag zwischen deiner und meiner Liebe, doch alles ist zu Ende, das Wasser und der Wein. Wer spürt dabei keinen Kloß im Hals?

Seine Texte waren Gedichte, deutlich beeinflusst von der Lyrik des großen spanischen Modernisten Federico García Lorca, dessen *Pequeño vals vienés* (Kleiner Wiener Walzer) er einst vertonte und weltberühmt machte unter dem Titel *Take This Waltz*. Lorca, der im Spanischen Bürgerkrieg erschossen wurde wegen seiner Homosexualität, schrieb Poeme, die so greifbar wie unbegreiflich waren. Konkret beginnen, abstrakt entgleisen, reicher wieder aufstehen: So ist es auch bei den Gedichten Leonard Cohens. Vierzehn Studio- und einige Livealben über fünfzig Jahre: ein halbes Jahrhundert lang in der Sprache graben. Begleitet von kargem Gezupfe und Backgroundchor.

Leonard Cohens Suchen oszillierte zwischen der Haut und der Stille. Zwischen der Sehnsucht nach der Schönheit eines geliebten und bleibenden Körpers und der Sehnsucht nach Schweigen in einer Welt voller Tumult. Vielleicht waren seine Songs das ja noch am meisten: Ansätze zur Stille, Skizzen des Schweigens. Verlangen, nicht zu verlangen.

Im Fototeil einer ihm gewidmeten Biografie ist das berühmte Foto von Leonard Cohen am Schreibtisch, in Griechenland war es, glaube ich, mit einer wunderschönen, nackten Frau auf dem Bett. Auf der nächsten Seite sitzt er meditierend im Gewand eines Zen-Buddhisten. Leonard Cohen war Ästhet und Asket zugleich. Unterwegs sein. Lieben. Loslassen.

Leonard Cohens Tod kommt nicht als Schock. Er war schon immer alt, auch, als er noch jung war. Beim Tod eines alten Freundes herrscht oft mehr Dankbarkeit als Trauer. Dass wir das erleben durften, in unserem kurzen Leben, so viel Zärtlichkeit, so viel Wahrhaftigkeit. Nun ist es an uns:

If it be your will
That a voice be true
From this broken hill
I will sing to you

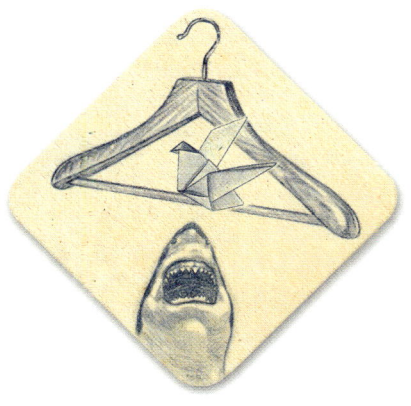

ODE AN
DEN UMKLEIDERAUM

Um ganz ehrlich zu sein, in all den Jahren kam es nicht ein einziges Mal vor, dass ich mich nicht gefragt habe: Was um Himmels willen tue ich hier eigentlich? Diese elende Krähenhaltung, ist das nicht eher etwas für den Cirque du Soleil? Wie lange soll ich jetzt noch in dieser blöden Heuschrecke liegen bleiben? Und ist es überhaupt denkbar, dass ich die Verletzter-Pfau-Pose oder die Zerstörer-des-Universums-Haltung irgendwann auch in den Griff bekomme? Es gibt sie wirklich, diese Yoga-Stellungen.

Rod Stewart hatte nicht so ganz unrecht, als er vor ein paar Jahren in seiner Autobiografie notieren ließ: »Wenn Gott gewollt hätte, dass wir Yoga machen, säßen unsere Köpfe zwischen den Knien.« Zu dieser Schlussfolgerung war er gelangt, nachdem er bei einer Anfängerübung in seinen Kamin gekippt war.

Aber: Ich betreibe es schon seit fünfzehn Jahren. Und eigentlich einzig und allein wegen des Umkleideraums. Nein, nicht wegen der nackten Rücken, die Sport-BHs rasch gegen hauptstadtübliche Dessous eintauschen müssen. Überhaupt wenig Interesse an Rücken und Waden nach der wöchentlichen Stunde Körperorigami.

Es ist etwas anderes, was ich im Umkleideraum erlebe. Oder vielleicht gerade nicht erlebe. Es geht um Abwesenheit. Kein Fieber, kein Stress, kein Rausch, keine Wut, kein Blues. Ruhe, das ist es, glaube ich. Tiefe, träge, weiße Ruhe.

Ein Körper, der wieder ein Körper sein darf, hier und jetzt, nicht dieser Ausgangspunkt mentaler Tentakel, die sich in alle Richtungen erstrecken, unaufhörlich schlängelnd zwischen den Jahrzehnten vor und hinter mir, zwischen Freundinnen hier und Freunden dort. Nicht dieses springende, zappelige Bällchen dessen, was dann das moderne Bewusstsein heißt. Nicht diese Wechselhaftigkeit. Sondern eine helle, gelassene Ruhe. Dankbarkeit auch, sogar eine Art Freude. Ich glaube es sogar auf den Gesichtern der anderen sehen zu können nach der Stunde. Und wissen, dass diese frische Klarheit mich in den kommenden zwei, drei Tagen begleiten wird, bis sie wieder überwuchert ist von E-Mails und Terminen.

Vor fünfzehn Jahren habe ich mit Widerwillen und Skepsis damit angefangen. Ich hatte oft Magenschmerzen, nichts half. Kummer, Verwirrung und Enttäuschung kommen nicht so scharf ins Bild bei einer Gastroskopie. Eine Freundin sagte: Du solltest es wirklich einmal ausprobieren. Na gut. Alles lieber als würgend in einem Krankenhausbett zu liegen, während man mit einer Stange gekröpft wird wie eine Gans vor Weihnachten.

Es war nicht Liebe auf den ersten Blick, jenes erste Mal, als ich wie ein »Berg« oder ein nach unten blickendes Haustier dastehen musste, doch die Entspannungsübung am Ende war fantastisch. Und als ich Jahre später zu einem viertägigen Retreat mitfuhr (»ein Yoga-

Bootcamp«, feixten meine Freunde), ärgerte ich mich drei Tage lang über den viel zu sehr ethnisch und religiös geprägten Rahmen. Andere wirkten sehr angetan von den Begriffen und Versen aus dem Sanskrit, doch für mich brauchte das alles nicht so indisch und hinduistisch zu sein. Ich bin ziemlich allergisch gegen alle Formen von Orientalismus und Exotismus.

Aber auch Ärger ist Herumspringen des Bällchens. Man ist ja nicht gezwungen, sich an dem zu stören, was einen stört. Und außerdem war ich in den Wochen nach meinem Bootcamp tatsächlich ein anderer Mensch. Ich kann mich nicht entsinnen, jemals so lange so entspannt gewesen zu sein. Und das war dann eben doch der Verdienst von jahrtausendelangem Lernen, tief zu atmen und sich langsam zu bewegen dort auf dem indischen Subkontinent.

Tim Parks, der interessanteste britische Essayist, seit John Berger uns durch den Tod genommen wurde, hat ein wunderbares Buch darüber verfasst, wie er seinen chronischen Unterleibsschmerzen mit Meditationsübungen zu Leibe gerückt ist. Seit Jahren lebt er in Italien, und er musste sehr viele kulturelle und mentale Hindernisse überwinden, um sich für den soften Ansatz zu entscheiden. Aber *Die Kunst stillzusitzen* ist vielleicht sogar sein bestes Buch geworden. Intelligent, geistreich und grundehrlich. Der Untertitel fasst es gut zusammen: *Ein Skeptiker auf der Suche nach Gesundheit und Heilung*. Mit Sicherheit kein Selbsthilfebuch – deshalb hilft es so gut.

Manchmal frage ich mich: Hätte ich die Arbeit der vergangenen fünfzehn Jahre bewältigen können ohne diese Momente großer Stille? Nicht nur die ganze Hektik und das Herumgerenne, sondern mehr noch: Hätte ich diese Stimmen vergewaltigter Frauen im Ost-Kongo, der Hinterbliebenen von Suiziden in Westflandern, von traumatisierten Fallschirmjägerkommandos in Belgien, von Veteranen und Kriegsopfern in Indonesien überhaupt hören können, wenn es nicht ab und zu sehr still gewesen wäre in diesem Körper?

ODE AN DAS ZUHÖREN

Da es inzwischen auf sechzehn Uhr zuging, war es wohl Zeit, irgendwo frühstücken zu gehen. Wenn das der Anfang eines neuen und vernünftigeren Lebens sein sollte, war es ein Flop. Am Abend zuvor war ich aus Paris zurückgekommen, nach einem letzten Tag voller Interviews, jetzt wollte ich mich endlich wieder ins Schreiben vertiefen. Ich war für ein Jahr in Berlin, um in aller Ruhe arbeiten zu können.

Ich zog los, und mir wurde bewusst, dass ich seit dem Happen in Orly nichts mehr gegessen hatte. Ruhe, Klarheit, Regelmäßigkeit? Demnächst. Wer hätte auch Hunger gehabt in der misslichsten Nacht des Jahres 2016? Ich war bis halb sechs aufgeblieben. Hatte bereits einen ersten Artikel verfasst und auf Facebook gestellt. Mein Redakteur, mit dem ich mich die ganze Nacht über WhatsApp ausgetauscht hatte, meinte später, es sei der düsterste Text, den ich je geschrieben hätte.

Ich ging über die »Brücke der Verrückten«. So nannte ich seit einiger Zeit die Brücke, die meinen Teil Berlins mit dem Stadtzentrum verband. Immer stand irgendein hochgradig Verwirrter auf der Kurfürstendammbrücke, schrie laut herum oder murmelte etwas in sich hinein.

Ein Stück weiter, beim S-Bahnhof Halensee, erblickte ich den hässlichen, gelben Kiosk von Franky's Currystation. Ein einziges Mal war ich bisher dort gewesen, hauptsächlich aus ethnografischem Interesse. Na gut, seufzte ich. Verflogen mein Vorsatz, künftig weniger Fleisch zu essen. Die Dame schob mir die Currywurst »mit Darm« lächelnd zu, und während ich in den Mischmasch pikste, der hier als Delikatesse gilt, hörte ich, wie sie einen Stammgast im Regenmantel fragte: »Und was sagen Sie dazu, *das mit dem Trump?*« Sie hatte bei ihrer Frage die großen, erwartungsfrohen Augen von Kindern, die zum ersten Mal durchs Tor eines Zoos gehen.

Der Mann blickte kaum aus dem Kragen seines Regenmantels auf. »Ich bin geschockt«, nuschelte er in Richtung des Fleischklopses auf dem Pappteller in seiner Hand.

»Ach, tatsächlich?«, sagte die Inhaberin der Imbissbude mit noch größeren Augen. »Ich finde es gut!«

Mein Gott, dachte ich und zupfte an dem wattigen Brötchen. Muss ich mir das wirklich anhören? Werde ich gezwungen, dieses Gespräch mitzubekommen?

»Wenn man sieht, wie viele Leute in Amerika nicht mal den Arzt bezahlen können!«

Ja, das schon mal als Erstes, hätte ich am liebsten eingeworfen. Genau das wollte Barack Obama vor acht Jahren ändern, du Ignorantin, es war Obama, der die sündhaft teure Krankenversicherung in den USA für mehr Menschen möglich machen wollte, es war

Obama, der die Ansicht vertrat, dass ein bisschen Fürsorge vielleicht nicht schaden könnte in einem vom Kasino-Kapitalismus angefressenen Land mit so viel Ungleichheit und Armut. Menschenskind, es heißt Obamacare, das ganze Spiel, und nicht Donaldcare! Because Donald doesn't care. Das Einzige, worüber »the« Donald *caret*, ist die Frage, wo er sein kitschiges Porträt, das mit Geld aus seiner philanthropischen Stiftung gemalt wurde, aufhängen wird. Und außerdem haben die Republikaner, die jetzt gewonnen haben, in den vergangenen acht Jahren so ziemlich alles getan, um diese gesamte Reform des Gesundheitswesens zu verhindern und ins Leere laufen zu lassen. Und Trump, dieser miese Typ, der Sie jetzt so strahlen lässt, hat wortwörtlich versprochen, das ganze System wieder abzuschaffen. Was sagen Sie dazu, mit Ihren brutzelnden Bratwürsten und ihren Päckchen Capri-Sonne!

Es fehlte nicht viel und ich hätte mich selber auf die Brücke der Verrückten stellen und herumbrüllen können.

Aber ich schwieg natürlich. So wie der Mann im Regenmantel. Unsere Generation hat die Streitbarkeit verlernt. Wir hegen und pflegen unsere Ideale wie flauschige Küken. Außerdem fielen mir die passenden deutschen Wörter nicht ein.

Doch es war für mich ein schmerzliches Beispiel dafür, wie Unwissenheit den Gang der Welt bestimmt, nicht nur an dieser Currywurstbude, sondern auch im Rest des Westens.

Im Jahr 2016 hörte ich immer öfter, dass Leute für einen kleinen Test im Wahllokal plädierten. Bevor sie ihr Kreuz machen dürften, sollten Wähler ein paar grundlegende Fragen beantworten können. Man müsse doch über ein Minimum an politischer Bildung verfügen, lautete das Argument. So ein Test sei vergleichbar mit der Theorieprüfung in der Fahrschule, hieß es, eine Art Führerscheinprüfung für die Staatsbürgerschaft. Es schien, als hätten all diese Wissenstest-Verfechter auf einmal – hundert Jahre nach seiner Einführung – Bedenken gegen das allgemeine Wahlrecht, jedenfalls ist das mein Eindruck.

Natürlich ist Informiertsein die Grundlage jeder demokratischen Entscheidung, aber würde so ein Mini-Test ausreichen in Zeiten von *post-truth*, *filter bubbles* und Algorithmen, was einfach nur die neuen Begriffe sind für Lügen, selektive Information und Propaganda?

Ein kleiner Test im Wahllokal: Wer glaubt, damit die Demokratie zu retten, glaubt auch, dass er die Erderwärmung mit einem Ventilator aufhalten kann.

* * *

In den Wochen nach der amerikanischen Präsidentschaftswahl ging ich noch ein paarmal zu Franky's Currystation. Manchmal war es voll, manchmal stand ich allein da. Ich sah, wie die Inhaberin mal einen Geschäftsmann bediente, mal einen Obdachlosen.

Wie würde sie wohl bei so einem Test im Wahllokal abschneiden? Vermutlich mittelmäßig. »Was ist der Unterschied zwischen Bundestag und Bundesrat?« Ob sie das wüsste? Und wie fühlt sich das eigentlich an, wenn man das Wahllokal verlassen muss, nachdem man beim Test durchgefallen ist, und die Leute in der Warteschlange sehen, dass man nur sehr kurz drinnen war? Würde sie zu Hause ihrem Mann verschweigen, dass sie nicht mal die erste Hürde genommen hatte? Jedenfalls gehe ich davon aus, dass sie einen Mann hat und dass der Franky heißt. Würde sie sich beim nächsten Mal überhaupt noch die Mühe machen, zur Wahl zu gehen? Oder würde sie diese demütigende Erfahrung künftig vermeiden? Und würde sich so jemand dann noch als vollwertiges Mitglied der Gesellschaft fühlen? Würde sie sich überhaupt noch etwas aus dem Rest dieser Gesellschaft machen?

Einmal beobachtete ich, wie sie einen jungen, geistig behinderten Rollstuhlfahrer bediente. Er war längst fertig mit Essen, als ich ankam, und machte auch keinerlei Anstalten, den Ort zu verlassen, als ich meine Serviette schon wieder in den Abfalleimer warf. Wie lange wird er sich dort aufgehalten haben? Keine Ahnung. Hin und wieder sagte sie etwas zu ihm, während sie tatkräftig die Würste und das Fleisch für die Hamburger wendete und die Arbeitsplatte aus Edelstahl zum zweimillionsten Mal abwischte.

Anfang Dezember stand ich allein an der Bude. Mir fiel auf, dass sie gerade beim Friseur gewesen war. Ihre blonden Haare waren in eine Art nasse Locken gelegt. Zwar war ich mir nicht sicher, ob so ein Wet-Look in Deutschland noch als passend gilt für eine Dame um die fünfzig, aber was machte das schon: Das war Berlin.

»Steht Ihnen gut, die neue Frisur«, sagte ich beim Bezahlen lächelnd.

Zum ersten Mal sah ich sie eine Sekunde pausieren.

»Oh? Wirklich?«

Weniger Fleisch essen ist ein schönes Ideal, besser zuhören aber auch. Letzten Monat ging ich immer öfter bei ihr vorbei. Als ich eines Tages selbst gerade vom Friseur kam, machte sie eine Bemerkung darüber. Wir kamen ins Gespräch. Ich fragte sie, wie lange sie diese Arbeit schon mache. Schon mehr als dreißig Jahre. Wie oft sie hier sei. Sieben Tage in der Woche. Ob es lange Tage seien. Von elf bis elf. Ob sie denn nie Urlaub mache. Kaum, nur drei Wochen im Januar. Dann reise sie sicher in die Sonne? Nein, zu ihrer Mutter in Norddeutschland.

Und sie erzählte von ihrer Mutter, ihren drei Kindern, ihrem Mann, der die Einkäufe erledigte, ihrem ersten Enkelkind, das in diesem Jahr geboren war. »Aber ich habe es erst ein einziges Mal gesehen.«

Und während sie mit mir redete, begeistert, verwundert, lebendig, begann ich zu zählen und zu messen. Das mache ich nur ganz selten. Ein Dreieck. Vier Meter mal vier Meter. Die Hälfte von sechzehn Quadratmetern. Vierzig Gerichte. Vierzig Getränke. Drei Grillplatten. Zwei Fritteusen. Zwei Mikrowellen. Ein Grill mit vier Hähnchen. Zwei Euro zwanzig pro Currywurst. Dreißig Jahre lang. Zwölf Stunden täglich.

Das Ergebnis meiner ganzen Berechnungen: Scham, tiefe Scham. Ich mit meinen Interviews in Paris, meinem Arbeitsaufenthalt in Berlin, meiner Wohnung in Brüssel, meinem Redakteur in Amsterdam. Ich, der ich den ganzen Tag online Artikel lesen kann, während sie die Rollos hochzieht und zwölf Stunden später wieder herunterlässt. Schäm dich zutiefst, du Loser. Schau sie an. Nimm sie wirklich wahr.

»Wenn man sieht, wie viele Leute in Amerika nicht mal den Arzt bezahlen können!«

Dieser Satz hallte den ganzen November und Dezember in meinem Gewissen nach. Denn wie auch immer, für sie war es offenkundig sehr wichtig, dass sich Menschen auf einem anderen Kontinent, wo sie noch nie gewesen war und wahrscheinlich nie hinkommen würde, einen Arztbesuch leisten können. Das heißt Fürsorge, denke ich. Das heißt Empathie. Es ist die gleiche Fürsorge, die sie an den Tag legt, wenn sich eine verwehte Gestalt von der Brücke oder der Einkaufsstraße kurz beim Imbiss unterstellt, weil es so windig ist. »Kalt heute, was?«

Wen würde sie wählen? Die neue, schnell hochkommende Bewegung, die nun sogar in Deutschland Wurzeln schlägt? Deutschland, zusammen mit Kanada so ungefähr die letzte starke Demokratie des Westens? Würde sie das tun? Zumal jetzt, nach den Anschlägen zwei Kilometer von hier? Der Krieg ist so lange her, die Anschläge sind so aktuell.

»Die meisten Menschen sind guten Willens.« Das ist schon seit Jahren meine Devise. Man stecke sie besser nicht in einen *basket of deplorables* oder zu den *Unanständigen*, wie Hillary Clinton und Martin Schulz im Herbst 2016. Stattdessen sollte man einsehen, dass unser Verhalten durch die Umgebung beeinflusst wird. Bringt das Wahllokal wirklich das Beste in uns hervor? Man darf dort nicht einmal sprechen. Wie kann man dann eigentlich zu erkennen geben, wie wichtig es einem ist, dass Arme eine bezahlbare Krankenversicherung verdienen, wenn man lediglich hier und da einen Fetzen im Fernsehen gesehen hat?

* * *

Letzte Woche, zwei Tage vor Weihnachten. Zwei Männer stehen am Imbiss und essen schweigend. Ein dritter kehrt ihr reglos seinen imposanten Rücken zu. Sein schwarzer Mantel ist zerrissen und speckig. Der Kopf ist in der dunklen Kapuze verborgen. Seine Haare sind zu Dreadlocks erstarrt, nicht aus freier Wahl. Er sieht aus wie eine lebendige Statue, auch nicht aus freier Wahl. Sein rechter Schuh ist kein rechter Schuh mehr, sondern eine Erinnerung an einen rechten Schuh. Dann dreht er sich ganz langsam zu ihr hin, lauter Ein- und Zwei-Cent-Münzen in der schmuddeligen Hand.

»Und was darf's für Sie sein?«, höre ich sie fragen.

ODE AN EINE TRANSPERSON

Der schönste U-Bahn-Abschnitt in Berlin ist der zwischen Bülowstraße und Gleisdreieck, weil dort die Linie 2 überirdisch fährt und ein paar Bahngleise überquert. Auf einem Viadukt rauscht die U-Bahn über der Stadt und beschreibt einen großen Bogen nordwärts. Man fühlt sich dann von einem Maulwurf in einen Albatros verwandelt, besonders an einem beschneiten Wintertag wie heute. Die dunklen, klaustrophobischen Tunnelwände weichen einem weiten Ausblick über glänzende Schienen, Rangierbahnhöfe und von niemandem betretene weiße Flächen. Kurz darauf verschwindet die Bahn wieder unter der Erde, und alle Blicke richten sich erneut auf die Smartphones.

Ich bin immer offline, wenn ich unterwegs bin. Ich sehe, dass sich ein Mädchen neben mich gesetzt hat, ein schlankes Mädchen mit einer beeindruckenden Afrofrisur. Endlos wischt sie zwischen ihren Selbstporträts hin und her. Sie hält das Smartphone auf ihren mageren Knien. Bin ich nun voyeuristisch oder ist sie exhibitionistisch? Mal wirkt sie vergnügt auf den Fotos, mal kokett. Mal mit geschürzten Lippen, dann mit einem Kranz von gelben, gezeichneten Schmetterlingen um den Kopf. Sie scrollt, sie wischt, sie surft, sie teilt. Gar nicht so einfach, heutzutage man selbst zu sein, denke ich.

Nach ein paar Sekunden habe ich genug gesehen. Dann fallen mir ihre kräftigen Finger auf. Seltsam bei einem so schlanken, grazilen Mädchen. Sie trägt Keilabsätze mit einem goldenen Reißverschluss an der Rückseite. Ich schaue noch mal hin. Ein zartes Profil. Dann sehe ich den Adamsapfel.

Jemand sein zwischen Mann und Frau, zwischen Weiß und Schwarz, zwischen jugendlich und erwachsen. Wie geht das? Mit wie viel Ambivalenz kann ein Mensch umgehen?

Ihr Daumen und Zeigefinger vergrößern nun ein Foto. Lasziv blickt sie frontal in die Kamera, die vollen Lippen etwas geöffnet. Im Mundwinkel, auf der Oberlippe, an der Wange und neben der Nase ist etwas Sperma. Irgendwie ist es sehr schön.

Sie schließt das Foto, sieht sich um und fängt meinen Blick ein. Sie sieht nicht ertappt aus, nicht beschämt, nicht mal verunsichert. Sie lächelt matt, sogar ein bisschen traurig, als würden wir uns schon lange kennen. An der nächsten Station steigt sie aus.

Wie unvergesslich kann ein Blick sein? Egon Schiele, im Winter 2017.

* * *

Ein paar Monate zuvor hatte ich mir zum ersten Mal in Berlin die Haare schneiden lassen. Die Friseurin durchwühlte meine Haare, massierte mir den Kopf, sprengte eiskaltes Wasser darauf und erzählte die ganze Zeit, wie gut ihr diese Arbeit gefalle, obwohl sie so viele Stunden auf den Beinen sein müsse. Sie fragte mich, was ich mache, und platzte nach einem halben Satz damit heraus, sie habe »noch nie ein Buch gelesen«.

Sie käme aus Serbien, fuhr sie fort, aus einer Roma-Familie, und sie sei in Berlin adoptiert worden. Sie spreche Deutsch, Serbisch, Spanisch und Romani, kein Englisch, nein, das nicht, und sie sei noch dazu trans. Berlin sei ganz cool, meinte sie, die Menschen hier seien einiges gewohnt. Transen aus der ganzen Welt kämen hierher, um sie selbst zu sein. Hormone nehme sie nicht, Brüste habe sie nicht, eine Muschi brauche sie nicht. So, nun war ich im Bilde.

Aber eine Liebesbeziehung, die wolle sie doch einmal erleben. Sie sei schon sechsundzwanzig, sagte sie, so alt. Sie habe noch nie die Liebe erlebt. Für alle Männer sei sie bisher *nur ein Experiment* gewesen.

Vorige Woche ließ ich mir wieder von ihr die Haare schneiden. Ich war der letzte Kunde des Tages, und sie wollte mich um etwas bitten, aber hier ginge das nicht. Ob ich Zeit hätte, mit ihr noch etwas trinken zu gehen?

»Was kostet es, wenn du etwas für jemand anderen schreibst?«, fragte sie, während ihr Finger über die Liste mit Pizzas und Pastagerichten glitt. Sie entschied sich für ein Saltimbocca alla Romana.

Kommt drauf an, sagte ich. Soll es ein Familienroman mit zweitausend Seiten sein oder ein Haiku? Haikus sind teurer.

»Nenn mir erst deinen Preis«, sagte sie. »Wenn es im Rahmen meines Budgets liegt, bezahle ich dich.«

Ich würde manchmal auch etwas umsonst machen, sagte ich. Texte für CD-Booklets, Lebensläufe von Freunden, Beiträge für einen Jahresbericht.

»Ja, um so was geht's.«

Nun sag schon, sagte ich.

»Ich will mit der Arbeit im Frisiersalon aufhören.«

Ich nickte abwartend.

»Ich will Prostituierte werden.«

Am Tisch neben uns saß ein Mann allein und war in einen epischen Kampf mit einer Quattro Stagioni verwickelt.

»Ich brauche einen richtig guten Text, für meine Website. Ich will nicht jeden als Kunden. Nur angenehme, gepflegte Männer.«

Kindersoldaten habe ich interviewt und Warlords. Vergewaltigte Frauen und verstümmelte Veteranen. Hunderte von Interviews. Und jetzt sitze ich in einem Restaurant in Berlin mit einer wunderschönen Transfrau, die mich bittet, ihre sexuellen Dienste mit allen literarischen Mitteln anzupreisen, die mir zu Gebote stehen. Gegen Bezahlung.

»Wie ist dein Saltimbocca?«, frage ich.

»Sehr lecker.«

Sie arbeitet den Berg Essen mit dem Appetit eines Holzfällers weg.

»Du hattest dich doch nach einem Mann gesehnt?«

»Ja, natürlich, aber der kommt nicht. Nach ein paar Treffen lassen mich alle wieder fallen. Dann kann ich auch genauso gut Geld dafür verlangen.«

»Wenn du es so siehst.«

»Fakt ist: Ich zähle nicht. Alle sagen mir immer wieder ab. Weißt du, dass ich Silvester allein zu Hause gehockt bin, hier in Berlin, wo alle feiern! Der Mann, mit dem ich ausgehen wollte, hat nachmittags angerufen und abgesagt. Das passiert mir ständig. Schon seit Jahren. Ich werde durch mein Äußeres bestraft. Männer sagen immer, dass ich so sexy bin, aber sie schämen sich, mit mir in der Öffentlichkeit gesehen zu werden.«

Der Mann am Nebentisch hat seine vier Jahreszeiten im Zangengriff und säbelt den Frühling ab.

»Macht es dir denn nichts aus, mit mir hier zu sitzen?«, fragt sie mit ängstlicher Stimme.

»Nicht im Geringsten.«

»Weißt du, wie lange es her ist, dass ich einfach mit einem Mann in einem Restaurant war?«

Ich bestelle noch ein Glas Chardonnay, sie noch eine Fanta. Alkohol trinkt sie nicht. Drogen nimmt sie nicht. Zwei oder drei Jahre will sie das machen, diesen Escort-Job.

»Wird deine Chance auf eine ernsthafte Beziehung jetzt größer oder kleiner durch diesen … äh … Berufswechsel?«

»Natürlich kleiner.«

»Dann solltest du es vielleicht doch nicht machen.«

»Doch, gerade deshalb. Mit dieser Entscheidung finde ich mich damit ab. Die Liebe kommt sowieso nicht. Statt immer nur zu warten und zu hoffen, nehme ich jetzt mein Leben wieder selbst in die Hand. Ich gebe die Hoffnung auf. Das fühlt sich gut an.«

Der Mann am Nebentisch bittet um die Rechnung. Sein Teller ist ein Trümmerhaufen aus Krusten, Herbstlaub, Blutstriemen.

»Es sind die letzten Jahre, in denen ich noch schön bin. Und später kann ich immer noch Haare schneiden.«

Natürlich habe ich den Text geschrieben. Wenn man helfen kann, sollte man das auch tun. Er gefiel ihr sehr gut, und sie versprach mir einen Gratis-Haarschnitt. Doch selten fand ich einen Schreibauftrag so traurig. Sich so früh schon mit dem Leben zufriedengeben müssen. So früh schon die Verzweiflung besiegen müssen.

Als wir nach dem Essen vor der Pizzeria standen, sagte sie: »Silvester habe ich an Selbstmord gedacht. Noch nie habe ich mich so einsam gefühlt wie an dem Tag.«

Beim Abschied umarmten wir uns. Sie strich mir durch die Haare, meine von ihr frisch geschnittenen Haare.

ODE AN DIE TOTEN
IN MEINEM TELEFON

Ich sitze in einem Café in Tokio und trinke dicken grünen Tee. Ich überfliege noch einmal meine Interviewnotizen und plane die folgenden Tage. Freunden, die Stunden eher leben, schicke ich Nachrichten. Plötzlich stockt meine Hand. Plötzlich ist da der Name eines Freundes, der Jahre eher lebte.

Jeden Tag trage ich einen Friedhof mit mir herum, einen frischen, gepflegten Friedhof. Viele Tote liegen dort noch nicht. Mehr Blumenrabatten als Grabsteine momentan, mehr Gras als Asche. Aber auf dem Totenacker meines Adressbuchs begegne ich ihnen immer öfter. Ich suche nach einem Lebenden und mein Telefon schlägt mir einen Toten vor. Ich scrolle durch den Buchstaben G und stoße plötzlich wieder auf Gerrit. Der zerknitterte Kopf, die Ländervorwahl von Portugal. Ach, Gerrit, das ist lange her!

Komm, ich schicke dir mal eine SMS. Wie lange liegst du hier schon?

Was passiert mit unseren Telefonnummern, E-Mail-Adressen und Facebook-Profilen, nachdem wir gestorben sind? Empfängt mein toter Körper noch immer Fashion-Inspirations von Zalando? Sind Galerien weiterhin der Ansicht, ich müsse zu ihrer Vernissage kommen? Kriege ich noch immer nigerianische Erbschaften in den Schoß geworfen?

»Hilde hat diese Gruppe verlassen.«

Ich scrolle weiter. Der eine Tote erweckt den anderen wieder zum Leben. Ach, Tsjêbbe, lieber Freund. Noch immer runzelt der Strand die Brauen, wenn er an dich denkt. Noch immer flucht das Watt. Die Dünen schütteln den Kopf und knirschen mit den Zähnen. Deine gesammelten Werke werden demnächst erscheinen. Weißt du noch, dass wir uns in Brüssel darüber unterhalten haben? Du hast in meiner Küche gesessen und Muscheln gegessen. Du hättest noch nie Muscheln gegessen, sagtest du, aber deine Finger fanden den Weg. So wie deine Gedichte.

Tokio ist plötzlich so weit weg. Ich sehne mich nach Friesland und früher und Räucheraal.

Meine liebsten Toten liegen hier nicht. 1998, als ich auf einen Schlag fünf Freunde verlor, hatte noch niemand ein Handy. Und meinem Vater reichte bis weit ins 21. Jahrhundert unser Festnetzanschluss. Doch jene Nummer, die Nummer, mit der ich zusammengewachsen war wie mit meinem Geburtstag, (050) 35 58 07, existiert auch nicht mehr. Sogar meine Mutter hat sich umgestellt auf die Welt von Providern und Mobilfunknetzen.

Und so scrolle ich zwischen vielen Lebenden und einigen Toten. Auch dieser kleine digitale Friedhof wird sich langsam füllen, bis niemand übrig bleibt. Ein bisschen so, wie hier in Japan fast niemand mehr lebt, der den Krieg in Indonesien mitgemacht hat. Ich spüre sie auf, besuche sie. Sie sind alle mindestens siebenundneunzig Jahre alt.

Ich stecke das Telefon weg. Mein Tee ist kalt geworden.

Ich kann sie einfach nicht löschen. Warum sollte ich?

Tauch wieder auf, würde ich ihnen gern sagen. Komm ab und zu wieder vorbei. Schneide dir die Krankheit aus dem Körper. Wirf doch die Leine wieder los. Huste dich zurück ins Leben. Sei ab und zu hier.

ODE AN DIE WEHMUT
VON WENDY RENE

Du sitzt im Café und arbeitest, und der Tag hält inne. Es fließt nämlich etwas Unstillbares aus den Boxen. Manche Songs reißen dir unversehens das Herz auf, stürzen dich in Liebeskummer, obwohl es dir gerade noch sehr gut ging, und du flennst über die hilflose Herumdilettiererei, die Leben heißt. Und danach – das Ende kommt viel zu früh, viel zu rasch – umarmst du dieses zerbrechliche, klapprige Dasein umso mehr.

Sadder but wiser werden in weniger als 180 Sekunden: »After Laughter« vor. Wendy Rene aus dem Jahr 1964 bringt das fertig. Hier nun zwanzig Gründe, warum der Song ein Welthit hätte werden müssen.

1. Das Intro

Was ist denn das für ein Anfang? Fünf hinreißende Sekunden auf einer alten Hammond B3, zweimal derselbe Akkord: Fang schon mal an, dahinzuschmelzen.

2. Die Hammondorgel

Die berühmte elektrische Orgel wurde in den Dreißigerjahren entwickelt, um in ländlichen Kirchen und in kleinen Glaubensgemeinschaften eine klassische Kirchenorgel nachzuahmen. Schwarze Musiker schleppten das hölzerne Möbelstück mit zwei Manualen, Dutzenden Registern und sogar einem Basspedal in die Tanzmusik und in die Nacht. Ohne den himmlischen, pulsierenden Klang der Hammond kein Rhythm'n'Blues, kein Soul, kein Funk, kein Reggae. Und schon gar kein »After Laughter«.

3. Der Organist

Es war auch nicht der Erstbeste, der hier den Holzdeckel hochgeklappt hatte. An den Tasten saß kein Geringerer als Booker T. Jones, ein Mann, der Klarinette, Saxophon, Oboe, Posaune, Bass und Klavier spielte, aber lebenslang zusammengewachsen war mit der Hammond, dem Instrument, mit dem er die Brücke vom Rhythm'n'Blues zum Rock'n'Roll schlug. Ein paar Jahre vor dieser Aufnahme hatte er sich wie nebenbei auf einer Jamsession »Green Onions« aus den Fingern geschüttelt, einen kleinen Meilenstein in der Popmusik, mehr als fünfzehn Millionen Mal auf YouTube angeklickt. Ja, so sumpfig und fettig konnte eine Orgel also auch klingen.

4. Der kleine Backgroundchor

Schmachtend und trostlos brechen die Backgroundsängerinnen nach diesen ersten fünf Sekunden das Stück auf wie einen überreifen Pfirsich. Sie sind zu zweit oder zu dritt. Wie sie diese Silbe auf *tears* dehnen: Saft, der auf den Fußboden tropft. Keine glatten Vokale, keine polierende Nachbearbeitung. Rau und unfertig. Wie alle große Kunst.

5. Die Sängerin

Und da ist sie dann, Wendy Rene, siebzehn Jahre alt. Sie löst sich vom Refrain und tritt in einen Dialog mit dem Chor, wie im Gospel. Die Antworten warten einander nicht ab, sondern überlagern sich. So ungefähr sieht das aus:

> *After laughter comes tears*
> *After* (After) *laughter* (Your laughter) *Comes tears*
> (There'll be tears)

Ihre Stimme ragt nicht über die Stimmen der anderen Sängerinnen hinaus, sondern steigt aus ihnen auf. Sie singt besser als die anderen, aber nicht wesentlich besser. Genau das hält das Stück zusammen.

6. Das gemeinsame Singen

Hör weiter zu. Ein Klagelied, ein Trauergesang, ein melancholisches Meer, aus dem ihre Stimme aufsteigt, sucht, tastet und sich wieder legt. Es dann noch einmal probiert. Und noch einmal. Rüttelt die Katharsis schon die Rippen durcheinander?

7. Die Akkorde

Drei Akkorde hat der Song. Nicht mehr. »Hey Jude« von den Beatles: acht Akkorde. »Perfect Day« von Lou Reed: dreizehn. »Stairway to Heaven« von Led Zeppelin: fünfzehn. Hier also drei: E, H und cis-Moll. Der E-Dur- und der H-Dur-Akkord bekommen je einen, der Cis-Moll-Akkord zwei Takte zugewiesen. Mollakkorde: immer gut für die Melancholie. Ein Halbton tiefer, eine ganze Seele tiefer. Drei schlichte Akkorde, endlos wiederholt, Satz für Satz. Es ähnelt mehr einem *negro spiritual* oder einem Sklavenlied auf der Baumwollplantage als einem Popsong. Und doch wird es gerade durch diese Wiederholung zu einem so flehentlichen Gebet.

8. Der Text

Keine Lust zum Schmunzeln über den angeblich oberflächlichen Popsong, der nur von Teenagerliebe handelt und in dem sich *blue* stets auf *you* reimt. Liebeskummer ist der schlimmste Kummer. Und früher Liebeskummer ist eine Wunde fürs Leben. Manchmal kann Einfachheit herzzerreißend sein:

> I'll try to hide, hide my sorrows
> I wonder, can I hold them till tomorrow
> Maybe, I'll hold them for a year
> *(After laughter comes tears)*
> But they keep say
> *(After laughter comes tears)*

9. Der Aufbau

Was ist das überhaupt für ein Song, der gleich mit dem Refrain beginnt und damit einen Haken anbringt, an dem der Rest des Stücks und das menschliche Ohr aufgehängt werden? Und in dem der Refrain nicht für sich steht, sondern sich mit dem Ende jeder Strophe überschneidet? Es sind die Schluchzer, die langgezogenen Silben, das immer wiederkehrende Flehen eines Mädchens, das um seine verlorene Liebe weint. So ein Song ist das.

10. Das Tempo

Wie die Hammondorgel immer wieder den Offbeat betont, nicht die erste und die dritte Zählzeit des Viervierteltakts, sondern die zweite und die vierte. Nicht PAM-pam-PAM-pam, sondern pam-PAM-pam-PAM. Wer das heraushört, kapiert, dass der Ska und der Reggae, die kurz darauf in Jamaika entstanden, inspiriert waren von den Songs von Fats Domino und Otis Redding. Ska begann mit Soul. Dub mit einer Pfeifenorgel.

11. Das Label

Der Song erschien 1964 bei Stax Records, nach Motown das wichtigste Plattenlabel für schwarze Popmusik in den sechziger und siebziger Jahren. Stax wurde von Jim Stewart gegründet, einem weißen Amerikaner, der Country spielte, Rockabilly-Platten aufnehmen wollte und in einer Bank arbeitete. Seine ältere, verheiratete Schwester, Estelle Axton, ebenfalls Bankangestellte, verhalf ihm zu Geld und machte ihn auf die viel interessantere schwarze Musik jener Zeit aufmerksam: Soul und R&B. Sie nahm eine Hypothek auf ihr Haus auf, er konnte ein Mischpult kaufen, und ihre Namen, Stewart und Axton, verschmolzen zu Stax. Mit Künstlern wie Otis Redding, Sam and Dave und Isaac Hayes sollten sie amerikanische Musikgeschichte schreiben.

12. Das Studio

Die Geschwister Jim und Estelle mieteten ein leer stehendes Kino in einem schwarzen Viertel im Süden von Memphis, Tennessee. Dieses Capitol Theatre bauten sie zu einem Studio um. Die Bühne wurde der Regieraum; wo früher die Bestuhlung war, wurde gespielt. Die Musiker standen deshalb allerdings auf einer abschüssigen Fläche. Geld für einen großen Umbau war nicht vorhanden. Experten behaupten, dass sie diese schräge Aufstellung noch immer an den Aufnahmen hören können: Angeblich klingen die Bässe etwas voller. Wie dem auch sei: »Dock of the Bay« von Otis Redding? »Soul Man« von Sam and Dave? »Theme from Shaft« von Isaac Hayes? Alles von diesem abschüssigen Boden nach vorn gerollt.

13. Das Gold

In der Zeit von 1959 bis 1975 brachte Stax Records 300 Alben und 800 Singles heraus, von denen 167 echte Hits wurden. Das Plattenlabel war ein Ort, wo weiß und schwarz, Mann und Frau zusammenarbeiteten, bis zur Direktionsebene. Eines Tages schneite eine gewisse Marie Frierson herein, zusammen mit ihrem Bruder, einer Freundin und einem Freund. Sie konnte zwar singen, fand Jim Stewart, doch mit so einem Namen, Frierson, würde man nie eine Hitparade stürmen. Würde Wendy Storm nicht besser funktionieren? Nein, warte, sagte Otis Redding, der an diesem Tag im Studio herumhing. Wendy Rene, klingt das nicht schöner? Ja, sagte das Mädchen, das klingt schöner.

14. Die Aufnahme

Im August 1964 wurde die Single aufgenommen. Wendy Rene hatte das Lied zusammen mit ihrem Bruder geschrieben: Frierson & Frierson steht als Autorenname auf den wenigen Exemplaren der 45er-Platte, die noch existieren. Als Sessionband fungierten Booker T. & the M.G.'s, die Hausband von Stax. Die Auflage ist unbekannt, vermutlich nicht sehr hoch. Heute muss man ein paar Hundert Euro dafür hinblättern.

15. Das Foto

Eine junge Frau, hübsch, besorgter Blick, sturmfeste Frisur aus den späten Fünfzigerjahren. Viele Fotos von Wendy Rene sind nicht bekannt, doch dieses ist großartig. Und dann dieser zugespitzte Schnitt ihres Kleides.

16. Das Alter

Und bei aller Tristesse ist es dennoch auch ein sommerliches Stück. Man kann fast hören, dass es im August aufgenommen wurde und dass hier junge Menschen mit Talent und Spielfreude bei der Sache waren. Wendy war siebzehn zum Zeitpunkt der Aufnahme, ihr Bruder neunzehn, der Mann an der Hammondorgel, Booker T. Jones, war zwanzig und Otis Redding, der sich den Namen ausgedacht hatte, zweiundzwanzig. Verzweiflung mit Aprikosen.

17. Die Veröffentlichung

Nach der Veröffentlichung in jenem Jahr hat das Stück lokalen Erfolg in Memphis, schafft es jedoch nicht in die landesweiten R&B-Charts. Auch ein zweiter kleiner Hit von Wendy Rene floppt. Daraufhin entschließt sie sich, Background-Sängerin zu werden. Ende der Sechzigerjahre fragt Otis Redding sie, ob sie mit ihm auf Tournee gehen will. Sie zögert, würde zwar gern, doch sie ist gerade Mutter geworden und beschließt, daheimzubleiben. Das Flugzeug, mit dem Otis Redding und seine Band auf Tour sind, stürzt wenige Tage später über einem See ab. Das Unglück versetzt die schwarze Musik in tiefe Trauer. Wendy Rene ist dem Tod entgangen und widmet sich von da an ihrer Familie und ihrem Glauben. Dann eben keine Karriere.

18. Die Stadt

Memphis, Tennessee wird immer die Stadt von Stax Records bleiben, so wie Motown immer mit Detroit verbunden sein wird. Das berühmte Studio wurde 1989 abgerissen, doch die Fassade steht wieder. Seit 2003 beherbergt das Gebäude das Stax Museum of American Music, eine frohe Erinnerung an die grenzenlos kreativen Jahre von damals. Doch unweit davon gibt es eine völlig andere Erinnerungsstätte, die auch mit den Sechzigerjahren zu tun hat: das National Civil Rights Museum im Lorraine Motel gedenkt des Orts, an dem im April 1968 Martin Luther King ermordet wurde. Und plötzlich ist es auch ein Begräbnislied, ein Trauergesang, eine Hymne in Moll.

> I'll try to hold back my, my, my tears
> But they keep say
> *(After laughter comes tears)*

19. Die Momente

Warum stimmt alles an diesem fast vergessenen kleinen Meisterwerk des Soul? Wie sie dreimal hintereinander »oh« singt, und »my« und »there« so lange dehnen kann. Wie ihre Stimme mühelos ausbricht und wieder landet. Wie das Schlagzeug heftiger wird zum Ende hin. Wie die Orgel ganz im Hintergrund eine zerbrechliche Phrase spielt (von 2:36 bis 2:41). Alles so schrecklich richtig. Es ist kein Zufall, dass der Wu-Tang Clan es coverte und dass Fatih Akin es in seinem grandiosen Film *Gegen die Wand* verwendete.

20. Das Outro

Kein Schlussakkord, keine Klimax und schon gar keine Modulation am Ende, jener häufig benutzte kleine Trick, die Tonart plötzlich zu erhöhen für einen besonders dramatischen Effekt. »After Laughter« endet auf die schlichtestmögliche Weise: ein *fade-out*, das Volumen nimmt ab, die Stimmen lösen sich auf im Nebel. Die darauffolgende Stille tut einfach weh. Warum geht es nicht etwas länger weiter?

»This doesn't last always«, singt Wendy Rene irgendwo. Unterwegs aber hat sie uns beigebracht, die Zerbrechlichkeit zu umarmen und dankbar zu sein über diese wenigen Fetzen vollkommener Schönheit.

ODE AN WILLIAM KENTRIDGE

Zugegeben, als ich es zum ersten Mal sah, war ich nicht so ganz überzeugt. Ich bin schon seit Jahren Fan des unglaublich vielseitigen südafrikanischen Künstlers William Kentridge – er macht Theater, Oper, Installationen, Performances, Animationsfilme, Wandteppiche, aber vor allem Zeichnungen, sehr viele Holzkohlezeichnungen –, doch als ich sein neuestes, monumentales Werk *More Sweetly Play the Dance* zum ersten Mal im EYE Filmmuseum in Amsterdam sah, war ich doch etwas enttäuscht.

Verglichen mit seinem klassischen Werk aus den Neunzigerjahren fand ich es zu nachlässig, zu bequem. Ich vermisste die beklemmende Intimität von *Drawings for Projection*, jener zehn kurzen Animationsfilme, mit denen er auf der documenta 1997 Freund und Feind verblüfft hatte. Diese Serie war in den Jahren nach der

Freilassung Nelson Mandelas entstanden, als das Apartheid-Regime verschwand und die Wahrheits- und Versöhnungskommission die Gräuel aus den Jahrzehnten der rassistischen Politik aufdeckte.

An jeder einzelnen Filmminute arbeitete er wochenlang. Kentrigdes animierte Kohlezeichnungen – er wandte die Stop-Motion-Technik auf Zeichenpapier an – boten eine Art vielschichtige Trauerarbeit für sein geschundenes Land.

Obwohl diese Animationsfilme eine Fülle von Anspielungen auf das Apartheid-Regime enthielten, waren sie keine pamphlethafte politische Anklage. Eher waren es assoziative, traumähnliche Montagen, unglaublich straff rhythmisiert, mit wiederkehrenden Symbolen und Mustern, eine Art visueller Lyrik, an der man sich nicht sattsehen konnte. Es erinnerte sowohl an *The Singing Detective* von Dennis Potter, die Mutter aller intelligenten TV-Serien, als auch an die Bilder von Antoni Tàpies, jenes genialen Künstlers, dessen Werke man in Barcelona in dem ihm gewidmeten Museum bewundern kann.

Hier wurde eine ganz eigene Sprache geschaffen – beklemmend, dunkel, schön. Hier wurde eine unerträgliche Geschichte erzählt, vielleicht sogar verarbeitet, auf jeden Fall analysiert – so wie es seinerzeit auch die großartigen Gedichte von Antjie Krog versuchten.

Doch nun sah ich jenes neuere Werk zum zweiten Mal. Im alten Sint-Janshospitaal in Brügge, einem der ältesten Krankenhäuser Europas, war *More Sweetly Play the Dance* erneut installiert. Ich mag das EYE, ich halte es neben dem Bahnhof von Luik-Guillemins für eines der verblüffendsten Gebäude, die Belgien und die Niederlande in den letzten Jahren bereichert haben, doch hier, auf dem jahrhundertealten Dachboden des mittelalterlichen Spitals, unter dem ächzenden Balkenwerk, unter dem einst die Pest vorbeigezogen war, kam Kentridges imposantes Kunstwerk besser zu seinem Recht.

Seit seiner Entstehung im Jahr 2015 war es in Arles, London, Karlsruhe und Athen zu sehen gewesen, nun aber trat es in einen Dialog mit diesem Krankenhaus aus dem zwölften Jahrhundert.

Das Werk bekam mehr Zeit, und ich gab ihm mehr Zeit.

Acht riesige Bildschirme stehen nebeneinander und bilden eine Wand, einen imposanten japanischen Wandschirm, auf dem von links nach rechts eine Prozession vorüberzieht. Sie besteht aus schattenhaften Figuren afrikanischer Schauspieler und Tänzer vor einem gezeichneten Hintergrund von verwischter und verschmierter Holzkohle, der die südafrikanische Halbwüste symbolisieren könnte, die Große Karoo oder den Mittleren Westen, es tut nichts zur Sache. Ein desolater, heißer und dürrer Hintergrund.

Diese Prozession muss man sich im Ganzen ansehen. Und dann noch einmal. Und dann noch einmal. Eine Viertelstunde lang zieht eine bunte Reihe Trauernder, Tanzender, Schuftender, Vortragender et cetera vorbei. Eine südafrikanische Brassband spielt etwas zwischen Dixieland und Gospel. Die Bilder gleiten weiter und weiter. Es ist ein Gesamtkunstwerk, wie dieses Jahrhundert noch keines hervorgebracht hat. Zeichenkunst, Musik, Tanz, Performance, Film, Animation, Installation und Theater in einem. Unwillkürlich denkt man an Bilder von all den Trauerzügen während der Apartheid in Soweto, aber auch an den danse macabre der mittelalterlichen Kunst, den Totentanz – denn wer weitertanzt, bleibt am Leben, so glaubte man einst. Oder sind es die Toten selbst, die hier tanzen?

Es geht um Tod und Lebenskraft. Um Verletzung und Gesundung. »The Grammar of the wound« ist irgendwo zu lesen. Und auch: »A nicely built city never resists destruction.« Wo noch haben wir solche paradoxen Slogans gelesen? Genau, auf *Der Einzug Christi in Brüssel*, dem monumentalen Gemälde von James Ensor von 1888, noch so ein Werk, das die ungereimte Gegenwart mythisch zu verpacken wusste. »Vive Jesus Roi de Bruxelles!« (»Lang lebe Jesus, König von Brüssel«), war darauf zu lesen. »Les charcutiers de Jérusalem« (»Die Metzger von Jerusalem«). Und: »Fanfares doctrinaires: toujours réussi« (»Doktrinäre Blaskapellen: immer erfolgreich«). Sollte ich jemals eine Hip-Hop-Band gründen, dann heißt sie De Doctrinaire Fanfare.

So wie Ensor die sozialen Kämpfe des späten neunzehnten Jahrhunderts zu verdichten und zu transzendieren vermochte in diesem einen Gemälde (»Vive la sociale« – »Es lebe der soziale Fortschritt!«), so bietet Kentridge eine Parabel und zugleich eine Parodie auf die Paradoxien des frühen einundzwanzigsten Jahrhunderts. Beide Werke zeigen einen Aufzug von Menschen, die unterwegs sind, Arme und Reiche, Ausgemergelte und Protze, Hoffnungsvolle und Schutzlose. Beide Werke sind durch und durch tragisch: aufrüttelnd und zugleich ironisch. Beide handeln von Kampf und Verlust, Hoffnung und Tod, doch klare politische oder moralische Antworten kann man von ihnen nicht erwarten.

»In der Sicherheit verbirgt sich so viel Verzweiflung«, sagte Kentridge einmal in einem Interview. Ihm geht es viel mehr um Unsicherheit, Vorläufigkeit, Ambivalenz. Schau noch einmal hin. Sein genialer Aufzug ist etwas zwischen einer betrunkenen Militärparade und einem ermatteten Karnevalsumzug, es ist Wajang-Puppentheater und zugleich die Heiligblutprozession, die jedes Jahr zu Himmelfahrt durch die Brüsseler Straßen zieht. Danach weht der Wind über die leere Fläche, und man steht verblüfft und erschüttert da.

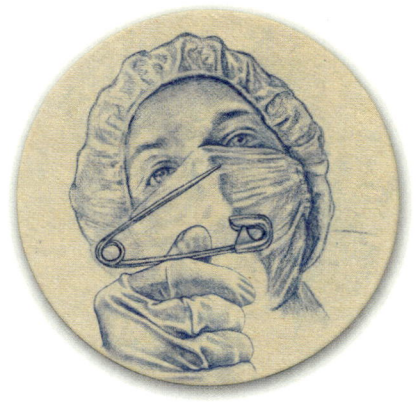

ODE AN
DIE BINDUNGSANGST

»Aber ich habe wirklich keine Bindungsangst! Wie oft soll ich das denn noch sagen?«

»Bitte mal kurz stillliegen, Meneer, sonst kann ich nicht spritzen.«

»Wie könnte ich Angst haben, wenn ich hier so friedlich festgeschnallt liege? Wissen Sie, was Leuten wie Ihnen nicht in den Kopf will? Dass es ja auch umgekehrt sein könnte. Lassen Sie sich das gesagt sein! Nicht ich habe Bindungsangst, Sie haben Freiheitsangst. Voilà, das ist es. Vielleicht habe ich ja alle klassischen Symptome, aber das heißt doch nicht, dass mit mir was nicht in Ordnung ist. Und mit Ihnen ist dann wohl alles in Ordnung? Freiheitsangst, das ist es, woran Sie leiden. Aber so darf das nicht heißen, denn Sie sind zu zahlreich, deshalb wird Ihre Pathologie zur Norm und meine zur Abweichung. Pathologie ist der Name, den die Mehrheit dem Verhalten der Minderheit gibt, damit die Mehrheit die Illusion von Normalität aufrechterhalten kann.«

»Meneer, bitte. So kann ich Ihnen nicht helfen.«

»Pathologisierung ist die gewaltsame Unterdrückung von Anderssein, damit Sie und der Rest Ihrer Mehrheit davor bewahrt sind, dieses Anderssein in sich selbst flackern zu fühlen. Sie gehen mit Bindungsangst um wie homosexuelle Väter früher mit Homosexualität: indem Sie sie verketzern. Das ist Teufelsaustreibung, was Sie da machen. Äußerlich verurteilen und hoffen, es dadurch innerlich zu löschen. Wir wünschen Ihnen viel Glück!«

»Ja ja.«

»Als würden in Ihrer Welt der sicheren Bindung nie Nebelfetzen aufsteigen am Abend. Als würde dort im Dunklen Ihres ewigen Schlafzimmers, neben dem altvertrauten Körper, nie der Schatten der Nachtschwalbe durch ihre Sehnsüchte kreuzen. Als hätte es Ihnen niemals leidgetan um den Raum, den Sie nicht erkundet haben, die Pfade, denen Sie nicht gefolgt sind, die Panoramen, die Sie nicht genossen haben. Sie müssen sich selbst ständig beruhigen, damit alles einigermaßen erträglich bleibt. Weshalb sonst teilen Sie all diese Urlaubsfotos von Ihrer sonnigen Familie in lichtüberfluteten Orten? Wer soll hier beruhigt werden, die Daheimgebliebenen oder Ihre Reue?«

»Öhm, was sagten Sie gerade?«

»Ja, tun Sie nur so, als hätten Sie mich nicht gehört. Freiheitsangst, sollen wir uns darüber mal unterhalten? Ha, jetzt werden Sie nervös. Ich sehe, wie Ihr Mundwinkel schon zuckt. Das Wort allein jagt Ihnen einen Höllenschreck ein.«

»So kann ich wirklich nicht spritzen, Meneer. Der Rettungswagen schaukelt zu stark.«

»Freiheitslust. Sich jeden Abend an den Abgrund wagen. Nicht wissen, ob uns unsere Flügel tragen werden. Wo die Luft dünn ist. Wo das Tal so fern ist. Wo wir uns jenseits des Horizonts ins Dunkel der Nacht stürzen und erschauernd die Aussicht genießen.«

»So. Wir sind da.«

ODE AN
DIE NIEDERLÄNDISCHE SPRACHE

Vor ein paar Wochen durfte ich nach einem Vortrag in Amsterdam an einem Diner mit sechzig geladenen Gästen teilnehmen. Da Kochen heutzutage zur Religion geworden ist, legte der diensthabende Koch zuvor ein Glaubensbekenntnis hinsichtlich seiner kulinarischen Überzeugungen vor uns ab. Durch die Geburt seiner kleinen Tochter, begriff ich, hatte er die Bedeutung von Gemüse erkannt. Die Offenbarung des Johannes war nichts dagegen. Außerdem wollte er nicht länger Lachs aus Kanada einfliegen lassen. Was spreche gegen Steinbutt aus Scheveningen?

Dass unsere gerade in Gang gekommenen Gespräche durch diese unerwartete Predigt unterbrochen wurden, fand ich nicht schlimm. Wir hatten ja noch den ganzen Abend, um uns über die trotzdem recht bescheidene Menge Vegetation auf unserem Teller zu wundern.

Dass das Blabla über Essen einen neuen Höhepunkt erreicht hatte, konnte ich eigentlich schon schmecken. Jeder Mensch, sogar der Amsterdamer, hat ein Bedürfnis nach Ritualen, notfalls, indem er Reis in breiten, runden Scheiben auf Tellern anrichtet.

Aber dass der hervorragende Koch seine Bergpredigt in einer anderen Sprache als Niederländisch hielt, fand ich im Grunde noch am merkwürdigsten bei diesem vorzüglichen Diner. Ich weiß, der Koran sollte auf Arabisch gelesen werden und Ian McEwan auf Englisch, aber warum eine öffentliche Rede in den Niederlanden immer öfter auf Dunglisch stattfinden muss, entzieht sich völlig meiner Kenntnis.

So I sait to myself, Henk, this coult be better!

Ja, es war eine Frage der Höflichkeit, glaube ich. Unter den rund sechzig Gästen im Saal gab es ein oder zwei, die des Niederländischen unkundig waren. Das genügte. Eine homöopathische Menge Anderssprachiger in egal welchem Gremium wo auch immer in den Niederlanden reicht aus, um sofort aufs Englische umzuschalten. Bloß nicht unser provinzielles Poldergestammel!

Speisekarten in der Randstad? Immer häufiger auf Englisch, auf Wunsch auch noch auf Niederländisch. Romane niederländischer Autoren? Hm ja, aber nie so gut wie die von englischsprachigen Schriftstellern. Nach dem Weg fragen mit flämischem Akzent? Ojemine, I will show you the way! Einmal wollte mir sogar jemand auf Deutsch weiterhelfen.

Hinter der Maske der Gastfreundschaft und des Entgegenkommens verbirgt sich sehr oft Identitätsscham, das eingewurzelte, unausrottbare Gefühl, nur ein Kleinbauer zu sein in Zeiten der Globalisierung. Die Angst vor dem Hinterherhinken sitzt tief. Nicht der von dem Historiker Jan Romein geprägte »hemmende Vorsprung«, sondern der vermeintliche Rückstand ist die wichtigste historische Gesetzmäßigkeit in den Niederlanden. Insgeheim bedauern es viele

Niederländer, dass Niederländisch ihre Muttersprache ist, denke ich manchmal.

Sobald sich ein Anderssprachiger die Mühe macht und versucht, sich auf Niederländisch zu verständigen, wird umgehend aufs Englische umgeschaltet. Herr, ich bin es nicht wert, dass Ihr meine Sprache sprecht, doch sprecht und ich werde respondieren.

Und auch umgekehrt. Sobald ein Niederländer in einer internationalen Umgebung Englisch spricht mit leichtem holländischen Akzent, kann er seine Glaubwürdigkeit getrost vergessen. Wir schämen uns zu Tode! Stellvertretend! Zehennagelkräuselnd! Denn wer einmal durchs Raster des angesagten Kosmopolitismus gefallen ist, darf nur noch ein bisschen rumzappeln im Modder der Ländlichkeit.

Aber Angst davor haben, als provinziell angesehen zu werden, wie provinziell ist das denn? Unbedingt kosmopolitisch rüberkommen wollen: Gibt es etwas Provinzielleres? Der nervöse Drang nach höherem Ansehen scheint mir eher ein Wesensmerkmal von Provinzialismus. Ist dieses Denken in Begriffen von höher und niedriger nicht generell symptomatisch für eine Identität, die sich im Vergleich mit anderen misst?

Vielleicht bin ich als Belgier einfach sensibler für diese Art Fragen. Was heute in Amsterdam geschieht, erinnert mich manchmal stark an das, was sich in den Fünfzigerjahren in Brüssel abspielte. Auch damals fanden viele Niederländischsprachige, dass sich manches in der anderen Sprache einfach einen kleinen Tick besser formulieren ließ. Dass man durch das Französische mehr zur weiten Welt gehörte. Auch damals wurde die Frage gestellt, ob das Niederländische überhaupt so nötig sei in den weiterführenden Schulen oder im Wirtschaftsleben. Ob dieses Festhalten an der Muttersprache nicht die Teilhabe an der globalen Entwicklung behindere. Auch damals war das ein Reflex der Elite, der nach und nach von der unteren Klasse übernommen wurde. Die gleiche Verlegenheit, der gleiche Ehrgeiz, der gleiche Snobismus. Das Resultat ist bekannt: Eine ursprünglich durch und durch niederländischsprachige Stadt (Brabantisch war die Umgangssprache) wurde nahezu völlig französisiert.

Und, ach ja, auch damals meinte man, dass nur eine einzige Sprache geeignet sei, um über Gastronomie zu schwafeln. Nun denn: Hier mein kleiner Widerstand. Nirgends ist das Niederländische schöner als bei der Benennung von Fischarten. Eine Geschmacksprobe: Heek, poon, griet, bot, snoek, baars, aal, blei, rog, braam, zalm, geep, schar, steur, tong, voorn, zeelt. [Seehecht, Knurrhahn, Glattbutt, Flunder, Hecht, Barsch, Aal, Brasse, Rochen, Brachsenmakrele, Lachs, Hornhecht, Kliesche, Stör, Seezunge, Plötze, Schleie.] Und das sind erst die einheimischen Arten.

Ja, eigentlich bin ich auch dafür, für Fisch aus Scheveningen.

ODE AN DIE STILLE LIEBE

»Und wie lange dauert dieses Elend nun schon?«

Weil wir uns nun bestimmt schon seit drei Stunden kennen, darf ich ihn ein bisschen piesacken.

»Drei Jahre«, sagt er niedergeschlagen. »Und es ist kein Elend.«

Warschau liegt drei Stunden hinter uns, Berlin zwei Stunden vor uns. Wir haben uns auf dem Bahnsteig kennengelernt.

»Noch einen?«

Er hält die Flasche, die er im Bahnhof gekauft hat, schräg in die Höhe. Ach ja, warum nicht. Behutsam füllt er den Schraubverschluss. Ich kippe es hinunter. Was für ein seltsamer Typ, dieser Konstantin. Musikkritiker und schon drei Jahre in dasselbe Mädchen verliebt.

»Aber sie behandelt dich doch wie Luft!«

»Na und?«

»Warum hoffst du dann immer noch?«

»Ohne Hoffnung kein Leben.«

»Oh boy.«

»Etwa nicht?«

»Na ja! Hoffnung bewirkt gar nichts. Nur älter werden.«

»Ich sehe sie alle zwei Monate. Wenn ich nach Berlin muss, verabreden wir uns. Dann gehen wir Austern essen. Unsere Gespräche sind wunderbar. Sie funkelt, sie sprudelt nur so. Wir kommen vom Hundertsten ins Tausendste, lachen uns scheckig, trinken auf das Leben und die Freundschaft.«

»Und dann?«

»Nichts.«

»Nichts?«

»Nein. Danach nimmt sie die U-Bahn zurück nach Neukölln. Und ich gehe zu meiner Unterkunft.«

»Aber was für eine Tortur!«

»Du begreifst das einfach nicht, Daniel.«

»David.«

»David, ja. Sorry.«

»Macht nichts.«

»Es geht nicht um das, was hinterher passiert.«

»Nein?«

»Es geht um das Essen selbst. Das ist es. Ich sitze da, ich sehe sie an und ich denke: Das könnte ein Leben lang so weitergehen.«

»Aber du könntest ein Leben damit aufbauen!«

»Vielleicht.«

»Wie alt ist diese Lene?«

»Sechsundzwanzig.«

»Ich fang an, es zu kapieren.«

»Nein. Das ist es nicht.«

»Ach, komm.«

Er schlenkert meine Bemerkung mit der linken Hand weg und dreht sich ruckartig zum Fenster. Tannenwälder, Tannenwälder, Tannenwälder. Auf den Zweigen dicke Lagen Schnee.

»Ich weiß, dass ich sechzehn Jahre älter bin.«

»Eben.«

»Du kapierst es wirklich nicht.«

Er schenkt sich erneut eine Verschlusskappe ein. Eigentlich war ich dran. Nun ja, es ist seine Flasche.

»Aber warum sagst du es ihr dann nicht einfach?«, probiere ich.

»Großes Risiko, dass sie wegläuft.«

»Warum?«

»Keine Ahnung. Sie hat das wohl einfach nicht auf dem Schirm. Sie probt, sie tritt mit ihrem Orchester auf, sie verreist mit ihren Freundinnen. Männer kommen in ihrem Leben überhaupt nicht vor.«

»Ist sie lesbisch?«

»Nein, bestimmt nicht.«

»Warum versuchst du es dann nicht? Was hast du zu verlieren?«

»Alles.«

»Alles?«

»Morgen Abend sehe ich sie wieder, Daniel. Wir werden uns wieder drei Stunden gegenübersitzen. Sie wird die Austern mit großen, begierigen Augen schlürfen. Ich habe etwas gefunden, nach dem die meisten Menschen ein Leben lang suchen. Warum sollte ich riskieren, das zu verlieren?«

»Und was ist das?«

»Das Unerschöpfliche. Ich will mich einfach laben an dem, was ist.«

Berlin Ostbahnhof musste er aussteigen. Ich fahre weiter durch die Nacht, und mich überflutet eine untröstliche Dankbarkeit. Aus dem Abfallbehälter ragt ein Flaschenhals. Auf dem kleinen Tisch liegt der Schraubverschluss, nach oben gähnend.

ODE AN DIE NONCHALANCE

Vorige Woche stand ich in der Alten Nationalgalerie in Berlin minutenlang vor diesem kleinen Werk von Max Liebermann. Ich blickte vor allem auf die Gartenbank. Ein einziger Streifen Farbe, fast direkt aus der Tube, für die Rückenlehne in der Sonne. Für die Beine links unten sogar noch weniger: das Gewebe der unbemalten Leinwand.

Wie ist es möglich, dachte ich, dass ein so klassischer, technisch versierter Maler wie Liebermann hier derart nonchalant zu malen wagt? Das Licht auf dem Kleid der jungen Frau: ein paar nachlässige Kleckse weißlich gelber Farbe. Der gelbe Fleck auf dem Rasen: eine Pfütze Sonnenlicht, so von der Palette geschabt. Ja, ich weiß, der Einfluss des französischen Impressionismus auf die deutsche Malerei machte sich bemerkbar. Liebermann wohnte ein halbes

Jahrhundert vor diesem Bild in Paris und hatte Kontakt zu den Künstlern der Schule von Barbizon, und in dieser Künstlerkolonie fing das alles ein bisschen an, diese Spielerei mit der Farbe. Man sieht Renoir in den Lichtflecken, Monet im Gras, Cézanne im Kleid und van Gogh, oder sogar Seurat, im Blattwerk, aber das ist es alles nicht. Kunst ist mehr als Kunstgeschichte, Stil mehr als eine Frage der Einflüsse.

Liebermann war neunundsechzig, als er im Sommer 1916 seine Tochter mehrmals im Garten am Wannsee Modell sitzen ließ. Dort, im Westen von Berlin, hatte er am Seeufer eine Villa errichten lassen. Wir vergessen diese Jahreszahl. Wir vergessen, dass sich das Deutsche Reich seit zwei Jahren im Krieg befindet und dass in jenem Sommer die Schlacht an der Somme begann.

Wir wähnen uns noch kurz im neunzehnten Jahrhundert. Liebermann ist alt – neunundsechzig galt damals als betagt – und gefeiert. Bewundert in ganz Europa, von Königin Wilhelmina in Den Haag mit einem Orden ausgezeichnet, Ehrendoktor an der Friedrich-Wilhelms-Universität in Berlin. Die Preußische Akademie der Künste wird ihm ein Jahr später, zu seinem siebzigsten Geburtstag, eine große Retrospektive widmen.

Er hat den Punkt der genialen Nonchalance erreicht, den Punkt, an dem Technik so sehr Teil des Körpers geworden ist, dass Augen, Hände und Gehirn einander auf Anhieb verstehen. Der Punkt, an dem er sich eine souveräne Nachlässigkeit erlauben darf, weil er weiß: Was ich an Präzision verliere, gewinne ich an Treffsicherheit.

Ich kenne keine mit mehr Treffsicherheit gemalte Gartenbank als diese. Vielleicht sah Liebermann das auch so. Das kleine Werk heißt: *Die Gartenbank*.

Und nein, diese mühelose Anmut lässt sich weder erlernen noch antrainieren. Lektionen für das eigene Leben sind hier nicht zu finden. Tiefsinnige Weisheiten oder *inspirational quotes* lassen sich hier nicht einsammeln. Der Mythos des optimierbaren Menschen kann es nicht aufnehmen mit so viel Überlegenheit. Wir müssen das Bewundern wieder lernen.

Japanische Kalligrafen besaßen es, Miles Davis besaß es, der italienische Bergsteiger Emilio Comici besaß es und die unlängst verstorbene Schauspielerin Jeanne Moreau besaß es. Sublime Lässigkeit. Nicht länger sein Bestes tun, nicht länger etwas sein oder erreichen wollen. Einfach den Körper singen lassen, nachdem man ihn ein Leben lang mit allen Farben und Stilen genährt hat. Als ob es nichts wäre.

Es ist nur wenigen gegeben. Die meisten Künstler landen früher oder später in einer Phase der *Spätkunst*: Die Meisterschaft ist noch vorhanden, oft mehr noch als früher, doch die Sujets sind versiegt, die Geschichte ist auserzählt. Die Dringlichkeit ist nicht mehr vorhanden. Was bleibt, sind Variationen über ein Thema, Könnerschaft, aber auf Sparflamme.

Doch die Flügel der Allergrößten wachsen weiter. Und der Genialste war vielleicht William Turner.

Vor ein paar Sommern kam ich auf einer Tour durch Wales eines Abends in dem kleinen Ort Llanthony Abbey an. Ich stellte mein Zelt auf und ging in der Abenddämmerung durch die Ruinen des einstigen Augustinerklosters. Turner war hier im Sommer 1792. Er war erst siebzehn, aber besuchte damals schon als Wunderkind seit zwei Jahren die Royal Academy of Arts. In den Ferienmonaten wanderte er mit einem Skizzenblock durch Wales. Anfangs wollte er Architekt werden, nun zeichnete er Ruinen in der Landschaft. Hier seine Skizze und das darauf basierende Aquarell, das er etwas später anfertigte. Bis tief ins neunzehnte Jahrhundert würde das kleine Werk nachgedruckt werden und manches Studierzimmer im viktorianischen England schmücken.

Aber was für die meisten Künstler der absolute Höhepunkt ihres Œuvres sein würde, war für Turner nur ein Sprungbrett. Zwei Jahre später, 1794, arbeitete er seine Skizze erneut zu einem Aquarell aus. Die Hirten mit ihren Hunden sind verschwunden, stattdessen sieht man einen verzweifelten Mann gegen den Wind ankämpfen. Das Wetter ist rauer geworden.

Und auch das ist noch nicht genug. Vierzig Jahre später, Turner ist nun nicht mehr neunzehn, sondern neunundfünfzig Jahre alt, malt er noch einmal die Ruine von Llanthony Abbey, oder wie er sie in Erinnerung hatte. Es ist ein verblüffendes Werk.

Im Vordergrund kauern noch ein paar Gestalten, doch auf die kommt es nicht mehr an. Das menschliche Element ist nun unwesentlich. Der Mensch ist lediglich ein Schemen, die Kirche nur noch ein Nebel. Dies ist kein Bild mehr von einer Kirche, die zu einer Ruine geworden ist, sondern von einem verfallenen Bauwerk, das höchstens noch als verschwommener Fleck existiert, als Nebel, auf den etwas Licht fällt. Alles ist flüssig geworden, vom peitschenden Regen in der rechten oberen Ecke bis zum strudelnden Fluss, der links unten das Bild verlässt. Sogar die Felsen sind zu Wolken geworden und die Berge haben sich aufgelöst. Ich wusste nicht, dass so viel strömen kann auf einer Fläche von 30 × 42 Zentimetern.

Kunsthistoriker vermuten, dass eine undatierte Aquarellstudie als Vorstudie für das Gemälde von 1834 diente. Vorstudie? Nachstudie? Wer kann das wissen? Beim späten Turner gehen Skizzen und Gemälde ineinander über. Wir sind an dem Punkt angelangt, wo Arbeiten einfach Atmen war.

Was zwischen diesem und vorherigen Aquarellen liegt, wurde vierzig Jahre später weggelassen, vierzig Jahre vergessen, vierzig Jahre wissen, dass weniger mehr ist. Bauwerke wurden zu Landschaften, Landschaften wurden zu Regenböen, und Regenböen wurden zu Licht. »Mehr Licht«, soll Goethe etwa um diese Zeit auf seinem Sterbebett in Weimar gemurmelt haben, mehr Licht für den Mann, der Farben so intensiv studiert hatte. Was ist da eigentlich dran, an dieser Sache mit dem Altern und der wachsenden Empfänglichkeit für Licht?

Auch Turner konnte nicht genug davon bekommen. Als er fast siebzig war, wollte er am eigenen Leib erfahren, was das war, flüssig werden, was es bedeutete, wenn die Welt zu Wasserfarbe wurde, kurz, wie sich das anfühlte, ein Unwetter auf dem Meer. Er ließ sich bei den bedrohlichsten Wetterprognosen in Harwich einschiffen und bat darum, oben am Mast angebunden zu werden, ein moderner Odysseus, der die Sirenen des Sublimen erleben wollte. Das Ergebnis war das berühmte *Snow Storm: Steam-Boat off a Harbour's Mouth* (1842). Noch nonchalanter wird es nicht in der europäischen Kunstgeschichte. Dagegen kommt nicht einmal eine Gartenbank an.

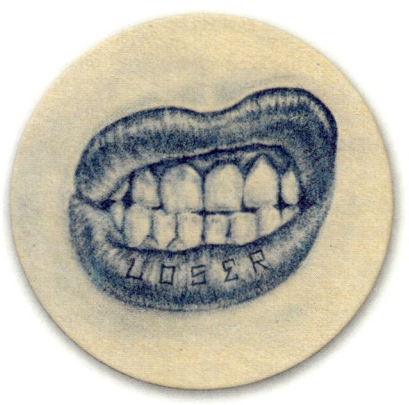

ODE AN FATMA AYDEMIR

Ein vollkommen überzeugender Roman, ein Buch, das eine Zeitenwende benennt, Paradoxa aufzeigt, einen einsaugt, mitreißt und verstört wieder hinknallt. Gibt es das noch? Ja, offenbar.

Letzten Samstag zog ich mich in ein Hotelzimmer gegenüber vom Buitenhof in Den Haag zurück. Abends sollte ich im Theater aan het Spui beim Literaturfestival *Winternachten* einige Autorinnen und Autoren interviewen, darunter Fatma Aydemir. Es ging um das Thema Wut und Europa.

Ich wusste nichts über sie. Mein Laptop erzählte mir, dass sie aus Berlin kam, 1986 geboren war und mit ihrem Debüt einigen Aufruhr verursacht hatte. Diesen Roman hielt ich nun in der Hand. *Ellbogen* ist ein Schlag ins Gesicht. Die Icherzählerin Hazal Akgündüz, eine *angry young woman*, ist Repräsentantin sowohl der Coolness-

Generation als auch der dritten Generation eingewanderter Türken in Deutschland. Geboren und aufgewachsen in Deutschland, aber noch immer nicht geborgen. Höchstens geduldet, und auch das nur mit Widerwillen.

Vom ersten Satz an hat sie einen am Wickel mit ihrer wütenden, donnernden Stimme, die so destruktiv wie unwiderstehlich ist. »Hätte Desiree mir nicht mit ihren langen, sauberen Fingern jeden Lippenstift und Nagellack einzeln vorgeführt, wäre ich niemals auf die Idee gekommen zu klauen.« Der Ton ist gesetzt. Die Konkurrenz mit den Mädchen, die es besser haben, die mörderische Anforderung, hübsch auszusehen, die permanente Geldnot, der Lockruf des Verbrechens, das Wegdrängen der Schuld, das Beschwören der Eigenverantwortung, und wir sind erst am Anfang.

Fatma Aydemir schlüpft nicht allein in die Haut ihrer Personen, sie presst auch den Leser hinein, ob er will oder nicht. Die Sprache rast vorbei, der Slang ist schnoddrig und manchmal urkomisch, der Humor herzzerreißend. Und steckt man erst einmal in dieser Haut, betrachtet man die Welt durch die Augen dieses wütenden, unvernünftigen, aber unglücklichen Görs, das man trotz allem gernhaben möchte. Denn plötzlich merkt man, dass strukturelle Gewalt nicht aus breit angelegter Diskriminierung besteht, sondern aus der Summe von tausend kleinen Demütigungen, subtilen Manipulationen und Mikroaggressionen, die einen ständig daran erinnern, dass man hier zwar ist, aber immer noch nicht voll und ganz sein darf, nicht einmal in Berlin. Dass man höchstens zu den »inneren Außenstehenden« Europas gehört, wie *Winternachten* es formulierte.

»Geht das überhaupt, kann man Wut erben? Vielleicht macht uns das Leben wütend.« Meisterhaft erkundet Fatma Aydemir das Weltbild ihrer ruppigen, launenhaften und sich doch so nach Liebe sehnenden Hauptfigur. Ich musste an die vierziger und fünfziger Jahre denken, als Meisterwerke wie *The Catcher in the Rye*, *L'Étranger*,

Und sagte kein einziges Wort eine ganze desillusionierte Generation porträtierten. Doch wo es bei Salinger, Camus und Böll ausnahmslos um weiße junge Männer ging, zerrt Aydemir eine junge Türkin ins Rampenlicht. Das gleiche Umherstreifen durch nächtliche Straßen, die gleiche aussichtslose Tristesse, die gleiche marode Zukunft.

Listig schmuggelt sie eine ganze Reihe politischer Fragen ins Buch, Themen, die ihrer Hauptperson schnurz sind, wie der Wohnungsmarkt in Berlin, der Krieg in Syrien, der Kurdenkonflikt, Erdogans Autoritarismus. Wie sonst niemand versteht sie es zu dosieren. Quälend lange wartet sie bis zur Erwähnung des ach ja, da war auch noch dieser Selbstmordversuch. Genaueres erfährt man erst viel später. Alles ist so ungekünstelt, so organisch, so geschmeidig geschrieben, dass einem die Komposition dieser verdammt klugen Story kaum bewusst wird. Und das bei einem Debüt.

Am beeindruckendsten aber ist, dass Fatma Aydemir ohne jegliche Zuschreibung von Opferrollen auskommt. Mann–Frau, Alteingesessene–Zugewanderte, Täter–Opfer, bei dieser Art bequemer Schematisierungen macht sie nicht mit. Der ganze Roman kreist um eine Szene von extremer physischer Gewalt, begangen von der Protagonistin, die in der Nacht ihres achtzehnten Geburtstags, nachdem sie und ihre Freundinnen vor einem Club abgewiesen wurden, einen betrunkenen deutschen Studenten auf die U-Bahn-Gleise schubst.

Ellbogen beschreibt nicht nur den Prozess, der zu dieser einen Tat in dieser einen Sekunde führt, sondern auch die Folgen. Nicht Schuld und Sühne hier, sondern Flucht und gespielte Gleichgültigkeit. »Dieser Typ hat wirklich alles getan, damit wir austicken.« Hart bleiben, bis zum Ende, knallhart, und sei es nur, um überleben zu können mit den Folgen der Tat. Es gibt keine Trennlinie zwischen Gut und Böse. Ihre Hauptperson ist ein Opfer, das »Opfer«, Loser, so sehr verabscheut, dass sie plötzlich selbst zu einer Täterin wird und dadurch erst recht zum Loser.

Ellbogen ist einer der wichtigsten Romane unserer Zeit, ein moderner Klassiker, der es verdient, gelesen zu werden neben *Tirza* von Arnon Grunberg und *Plattform* von Michel Houellebecq. Was *Gegen die Wand* für das deutsche Kino getan hat – brutal Wunden aufreißen und sie nicht mehr heilen lassen –, tut Fatma Aydemir hier für die europäische Literatur.

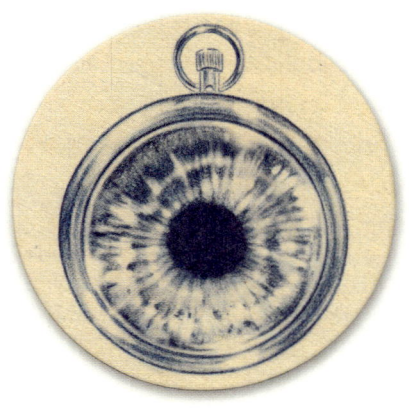

ODE AN ARVO PÄRT

Unverhofft klingelte es. Ein älterer asiatischer Mann und eine ältere asiatische Frau standen vor der Haustür, beide mir unbekannt. Es sind meine letzten Wochen in Berlin. Ich öffne die Tür nicht mehr wie ein Gutsherr, sondern wie ein Deserteur. Leicht benommen starrte ich sie fragend an. Ich war gerade auf dem Sofa eingeduselt, glaube ich, und stehe jetzt barfuß im Flur. Sind es vielleicht Zeugen Jehovas? Nachbarn, die ihren Schlüssel vergessen haben? Seit ich im Erdgeschoss wohne, bin ich Portier für Postbeamte, Paketdienste und Pizzaboten. Noch letzte Woche öffnete ich die Tür für den Mexikaner, der im dritten Stock wohnt. Er fragte, ob er in meinem Vorgarten nach den Resten eines winzigen Kaktus suchen dürfe, der ihm heruntergefallen sei.

Der Mann ergriff das Wort. Sein Deutsch war ein runder Stein, der lange in einem europäischen Fluss gelegen hatte. »Die Dame hier hat vor dreißig Jahren in dieser Wohnung gewohnt, zusammen mit ihrem Mann, der inzwischen verstorben ist. Er war ein sehr berühmter japanischer Autor.«

Ich wurde hellwach. Eine ehemalige Bewohnerin. Das Berliner Künstlerprogramm des DAAD, an dem ich dieses Jahr teilnehme, besteht bereits seit 1962. Nach dem Bau der Mauer drohte West-Berlin zu einer verlassenen liberalen Insel in einem tobenden Meer des grauen Sozialismus zu werden. Auf Initiative der Ford Foundation wurde eine kulturelle Luftbrücke geschaffen: Alljährlich konnten einige internationale Künstler eine Zeit in Berlin verbringen.

Ich fragte sie, wer ihr Mann gewesen sei, und hoffte, dass es um Kenzaburō Oē oder Yukio Mishima ging, denn das sind die einzigen beiden berühmten japanischen Autoren, die ich kenne, neben Haruki Murakami, doch der lebt noch. Andererseits, der alte Oē lebt auch noch, und Mishima beging Harakiri, aber das war bestimmt vor mehr als dreißig Jahren.

»Der Name ihres Ehemannes war Oda«, verdeutlicht die wunderbar polierte Stimme.

»Yes, Oda«, nickte die Dame. Sie sprach Englisch. »Unsere Tochter wurde hier geboren.« Freundliches Lächeln.

Nach dem Besuch würde ich auf Wikipedia lesen, dass Makoto Oda Autor und Friedensaktivist gewesen war. Er hatte die amerikanische Bombardierung Osakas überlebt und auch das große Erdbeben von Kōbe.

Plötzlich fiel mir ein, was von einem kultivierten Menschen in so einer Situation erwartet wird, und ich bat die beiden kurz herein. Sie reagierten so, wie man es von Menschen aus Japan erwartet: mit gespieltem Unglauben, charmanter Verlegenheit und tiefer Dankbarkeit für so viel unermessliche Gastfreundschaft.

Mit langsamen Schritten ging sie vom Flur ins Wohnzimmer und vom Wohnzimmer ins Esszimmer. Immer wieder blieb sie stehen und sah sich um, hielt Ausschau nach Dingen, die ich nicht sehen konnte, pflückte Erinnerungen aus dem unsichtbaren Obstgarten ihres Lebens. 1985 hätten sie hier gewohnt. Ständig nickte sie, ständig lächelte sie. Ab und zu sagte sie »yes yes«, ab und zu »mmm« und manchmal »ooh«. Und als sie schließlich wieder in der Gegenwart erwachte und mich dort vorfand, mich, der ich in diesem Moment lieber nicht existiert hätte und mir wünschte, dass es für immer 1985 geblieben wäre, sagte sie: »Es hat sich viel verändert.«

Wir setzten uns in mein großes, irgendwann mal gestaubsaugtes Wohnzimmer, während ihr Begleiter ein paar Fotos machte. Sie sei bildende Künstlerin, in Japan geboren und habe koreanische Eltern. Sie hatte die sanfte Ausstrahlung von Menschen, die wahrhaft stark sind. Eine Art neugieriger Glut lag über ihrem Alter. Wer innerlich stabil ist, kann furchtlos die Fenster öffnen.

»Wo jetzt Ihr Schlafzimmer ist, stand der Schreibtisch meines Mannes vor dem Fenster.«

Schweigen.

»Aber wo war dann das Schlafzimmer?«

Sie deutete auf den Perserteppich unter unseren Füßen. »Hier.«

Wieder das verlegene Lächeln.

Ich lächelte auch. Vielleicht saßen wir ja in dem Raum, in dem ihre Tochter gezeugt worden war. Vielleicht dachte sie an die Nächte von damals. An all das Leben, das sich hier einst abgespielt hatte, auch an all die Liebe. An die ganze Welt von damals, als es noch bergauf ging statt bergab. Als noch Hoffnung war, als ihre Schwester, die in Nordkorea zurückgeblieben war, noch lebte.

Aber vielleicht, überlegte ich, war sie ja an dem Punkt angekommen, dass sie ihren Besuch bereute. Die Gegenwart kann manchmal schrecklich ernüchternd sein. Es sei nicht ihre Idee gewesen, zu klingeln, sagte sie, so etwas würde sie niemals wagen. Aber ihr

Freund habe ihr versichert, dass so etwas in Deutschland möglich sei. Er lebe hier schon seit fünfzig Jahren, sie sei nur für ein paar Tage zu Besuch. Sei es wirklich nicht unhöflich?

Er hatte sich inzwischen auch dazugesetzt. Ja, auch er erinnerte sich an den Ort. Er sei hier oft zu Gast gewesen, zu Essenseinladungen und zu Partys. Sie nickten.

»Wir hatten viel Kontakt mit den Nachbarn, wir liefen die Treppe rauf und runter«, sagte sie. Sie wusste noch genau, wer welche Wohnung bewohnt hatte. »Und hier direkt über uns wohnte Arvo Pärt. Damals war er noch ziemlich unbekannt.«

Seit ich in diesem Haus lebe, höre ich Geschichten über die Zeit, als Arvo Pärt hier gewohnt hat. Vor zwei Jahren soll in einer der Wohnungen plötzlich das archaische Klingeln eines Festnetzanschlusses ertönt sein. Als der damalige Bewohner abnahm, sprach eine tiefe Männerstimme die unvergesslichen Worte: »*Russian government, could I speak to Mr. Pärt, please?*«

Nach seinem Jahr als Gast des Berliner Künstlerprogramms 1981 blieb der Komponist fast dreißig Jahre in Berlin. Eine Rückkehr nach Estland, seinem Heimatland, war in den ersten Jahren sogar ausgeschlossen, solange es Teil der Sowjetunion war. In Berlin entwickelte er sich zum größten Komponisten unserer Zeit mit einem auffallend homogenen Œuvre, das alles einbezog, was veraltet schien oder inzwischen sogar verboten war in der Neuen Musik. Es zu wagen, getragen zu sein und radikal einfach, tief religiös und schamlos ästhetisch.

Im Dezember 1990 besuchte ich Berlin zum ersten Mal. Ich war allein mit dem Nachtzug aus Leuven gekommen, um das Werk von Käthe Kollwitz und Egon Schiele zu entdecken. Es war kalt und dunkel und mein Herz blutete und eines Abends stand ich Schlange in der Mensa, wo ich mit dem Mann vor mir ins Gespräch kam, einem Zwanziger mit welligem, langem kastanienbraunem Haar, der, wie sich herausstellte, klassischer Gitarrist war. Er lud mich zu seinem Konzert im Konservatorium am nächsten Abend ein und bot mir noch dazu eine Unterkunft bei sich zu Hause an. Eine halbe Woche bin ich dort geblieben. Unter seinem Hochbett saßen wir auf dem Boden, unterhielten uns über Lyrik und hörten uns Platten von Zappa an. »Aber es gibt einen Komponisten, den du wirklich kennenlernen musst«, sagte er, »seine Musik ist wie eine Woge, die anschwillt, sich sammelt und wieder verebbt.« Nein, er könne mir nichts vorspielen, LPs davon besitze er nicht, doch das sei es, sich sammeln und zerfallen. »Und wie schreibt man den Namen?«, fragte ich. Auf einen Zettel schrieb er »Ärvo Part«. Der Umlaut war an der falschen Stelle.

Auch ich pflücke bereits hin und wieder eine Erinnerung. Es war kein Zufall – doch das wird mir erst heute bewusst –, dass ein junger klassischer Gitarrist aus Berlin damals schon mit der Musik dieses zeitlosen, aber noch relativ unbekannten Komponisten vertraut war.

»Wir hörten ihn da oben Klavier spielen«, sagte Frau Oda, »es kam aus dem Esszimmer, wo es am ruhigsten war. Ab und zu spielte auch jemand Cello. Es klang so seltsam. Es klang nicht einmal wie Musik. Wir dachten, einer von seinen beiden Söhnen würde üben. Er wohnte hier mit seiner Frau und den zwei kleinen Kindern.«

Sie stellte die Tasse Kaffee ab, den ich, als weiteren Beweis meiner Gastfreundschaft, rasch gekocht hatte. »Aber eines Tages kam er nach unten und schenkte uns eine LP. *Cantus in memoriam Benjamin Britten*. Wir legten sie auf und erkannten es wieder. Das hatte das Cello die ganze Zeit gespielt.«

Pärt schrieb das Stück Ende der Siebzigerjahre nach einer Stille von fast zehn Jahren, in denen er an seinem reduktionistischen Stil arbeitete. Inzwischen wird es bei den *Night of the Proms* aufgeführt. Von einem obskuren Komponisten aus dem Baltikum in der Zeit des Kommunismus entwickelte er sich zu einem lebenden Monument. Ohne ihn hätte das letzte halbe Jahrhundert anders geklungen.

»Nach unserem Jahr in Berlin gingen wir nach Japan zurück. Eines Tages rief jemand bei uns an. Wir wohnten schon wieder seit Jahrzehnten in Japan. Arvo Pärt persönlich. Er sei zu einem Konzert im Land und wolle uns gern eine neue Aufnahme seines *Cantus* schenken, diesmal auf CD.«

Eine Woge. Linien, die sich vereinen und dann wieder auseinanderfallen.

Vielleicht sollte ich den Gitarristen von damals noch einmal besuchen.

Ich habe noch zwei Wochen.

Aber erst noch einmal dieser *Cantus*.

https://www.youtube.com/watch?v=82-xbhfNR2g

ODE AN
DIE ÄLTEREN FREUNDE

Jedes Jahr bekomme ich von ihr zwei SMS, zum Geburtstag und zu Neujahr. »Mon cœur, très bonne année.« Und im September: »Bon anniversaire, cher David. Tout le bonheur. Gros bisous, Micheline.«

Fünfundneunzig ist sie mittlerweile. Ich lernte sie vor Jahren kennen, als ich für meinen Roman *Slagschaduw* [Schlagschatten] recherchierte. Diese Begegnung war so bemerkenswert, dass ich ihr das letzte Viertel meines Buchs widmete. Klein, geistreich, sprühend, so trat sie in die dunklen Tage von damals ein. Jedes Gespräch mit ihr war, als öffne man ein zuvor kräftig geschütteltes Fläschchen Spa rot. Und dann das Gelächter über die tropfenden Hände.

Der Kontakt riss nicht ab. Hin und wieder gehe ich mit einer kleinen Torte vorbei.

Ich wurde schon einmal gefragt, ob sie vielleicht eine Art Großmutter für mich sei. Älter, liebenswürdig, freundlich, nicht wahr? Nein, sagte ich, überhaupt nicht, sie ist jünger als ich, viel jünger. Micheline ist meine jüngere Schwester, die zufällig ein paar Jahrzehnte vor mir zur Welt kam. Bei niemandem ist mir so klar geworden, wie jung und unerfahren jeder Mensch ins Alter eintritt. Der erste Schultag dauert manchmal ein Leben lang an. Sobald einem das klar ist, entsteht Raum für Neugier. Sieht man den Menschen jenseits der Alterskategorie. Kann Freundschaft entstehen.

Stimmt mein Eindruck, dass es relativ wenig »intergenerationale« Freundschaften gibt? Es scheint, als ob ältere Menschen bei den jüngeren Generationen entweder Respekt oder Widerwillen hervorrufen, als gäbe es nur die Optionen Aufblicken oder Herabblicken. Doch wo ist der normale, nicht hierarchische Umgang miteinander? Können wir Altersunterschied nur vertikal begreifen? Sollte Gleichwertigkeit hier schwieriger zu erreichen sein? Woran könnte das liegen?

Ja, auf dem Tacho sind mehr Kilometer, das schafft Abstand, aber jede Kurve ist neu. Wir sind alle unterwegs. Vielleicht gibt es wenig, was die emotionale Intelligenz so sehr fördert wie der Umgang mit Menschen, die sehr viel älter oder jünger sind als man selbst.

Wenn ich mich so umschaue, bin ich eigentlich unglaublich dankbar, weil ich einige wunderbare dieser immerwährend unterwegs Seienden kennenlernen durfte.

Ich denke an Koenraad, den Bildhauer, der sich schon ein ganzes Leben lang wunderbar abarbeitet mit Metall und Gips und der schrecklichen Kollaborationsgeschichte seiner Familie.

Ich denke an Simon, den Juristen, der als Zwölfjähriger aus dem Viehwaggon sprang, mit dem seine Mutter und seine Schwester nach Auschwitz gebracht wurden.

Ich denke an Edith, die Illustratorin, die mit ihrem Mann eine Lepra-Siedlung in Belgisch-Kongo verwaltete, Graham Greene zu Besuch hatte und heute Emily Dickinson liest.

Ich denke an Marie-Jeanne, meine Nachbarin über mir, die kürzlich an meinem Küchentisch saß und sagte, dass wir die Gewalt in uns selbst erkennen müssten.

Ich denke an Zizi, die Rundfunkjournalistin in Kinshasa, die mich lehrte, was Würde in Zeiten von Rückschlägen ist.

Ich denke an Joop, den Psychologen, der in einer Amsterdamer Seniorenwohnung detailliert vom Morden und Foltern erzählte, das er auf Java gesehen hatte.

Ich denke an Joty, die sich nach ihren Jahren im japanischen Internierungslager dazu entschloss, Japan nicht mehr zu hassen, und sich darüber hinaus entschied, niemals mehr zu hassen.

Ich denke an Pratomo, den indonesischen Freiheitskämpfer, der mir von seinen Albträumen erzählte.

Ich denke an die mehr als hundertachtzig Menschen, die ich in den vergangenen Jahren in Indonesien, Japan, den Niederlanden und Nepal interviewt habe, die meisten waren zwischen neunzig und hundert Jahre alt, manche sind inzwischen verstorben. Ich denke an all jene Zeugen aus Zentralafrika. An die Altenheime in Belgien und den Niederlanden, die ich oft besuche. Und plötzlich wird mir bewusst, wie viele Stunden ich mit alten Menschen verbracht habe, um mir ihre Geschichten anzuhören. Zu Freundschaft kam es nicht immer, aber fast jedes Mal hatte ich das Gefühl: Ich könnte mir vorstellen, Sie sehr zu mögen.

Vor ein paar Wochen zog ich von Berlin wieder nach Brüssel. Ich rief Micheline an, um mich für ihre Geburtstags-SMS zu bedanken. »Ich wohne jetzt in einem Pflegeheim«, sagte sie, »nein nein, du brauchst nicht vorbeizukommen. Hier sind lauter alte Leute! Behalte mich lieber gut in Erinnerung.« Wir redeten weiter. Ich, Kloß im Hals, berichtete von meinem Jahr in Deutschland. Sie brachte mich zum Lachen, als sie die Szenen im Speisesaal schilderte. Sie sei müde, sagte sie plötzlich. Und dann: »Ach, komm doch mal wieder vorbei.«

ODE AN DIE SCHÖNHEIT

Hin und wieder sehe ich mir ein kleines Video auf YouTube an:
»Georgian singers imitate duduki instrument«.

   Sie tragen Karohemden, Poloshirts,
   bauarbeiterblau.

   Einer hält eine Gitarre, ein anderer ein Glas.
   In einer Brusttasche steckt ein Kuli.

   Sie sitzen auf einem breiten Sofa. Über das Geländer beugen
                                                           sich Leute.
   Ist das ein Hotel? Das Licht im Flur ist blau.

Und doch ist da Glut.

Einer steht auf, ein anderer setzt sich.
Improvisieren, sagt ein Mann mit Brille.

Feixendes Beraten. Ungefähre Absprachen.
Wie ging das noch wieder? Männer am Samstagnachmittag.

Eine junge Frau schaut zu. Gesten.
Stimmen stimmen. Ihre Wangen strahlen.

Einer schließt die Augen, probt einen Grundton.
Der Mann links richtet seinen Kragen, schirmt seine Ohren ab.

Und dann entsteht es. Während einer noch redet
und ein Sänger noch gestikuliert, fließt Efeu aus dem Mund

des Mannes mit der Jacke. Nein, kein Efeu,
Aprikosenholz und Ried. Und mit geschlossenen Augen

sieht er Weiden und Pferde und uraltes Leid.
Alle Sehnsucht, die er jemals verspürte,

alle Liebe, die er nie bekam
alle Väter, die er bereits verlor

strömen zu den Ufern seiner feuchten Lippen.
Und die Freunde finden endlich seinen Ton.

Flatterndes Segeltuch. Erntereifes Korn.
Weinende Mütter. Man ändert den Akkord.

Der Älteste modelliert nun eine Trompete.
Die Faust aus Kupfer, es sieht aus, als ob er bete.

Doch es sind Finger, die tanzen
auf dem Dorfplatz von einst. Es gibt Trost

und Abschied und Freundschaft und Brot.

Und jemand will sagen: Mach dir nichts draus.
Und ein anderer sagt: So geht es immer aus.

Männer am Samstagnachmittag
auf dem Weg zum Tod.

Und wir reisen mit, sehen die verlorene Zeit
warten auf das, was kommt, und prusten los.

Mit Dank an Ramsey Nasr, der mich vor Jahren auf dieses Video aufmerksam machte.

ODE AN DIE REUE

Reue? Nein, Mann, keine Spur. Wieso denn?

Tja, wenn es so einfach wäre.

Ziemlich viele Leute, die rein gar nichts zu bedauern haben in den letzten Jahren. Immer alles aus freiem Willen getan, bei vollem Bewusstsein, nie etwas bereut. Na schön, jeder macht mal einen Fehler, klar.

Ist das nicht ein bisschen zu bequem? Wir waschen unsere Hände nicht mehr in Unschuld, wir weichen sie darin ein.

Der neoliberale Mensch ist eine reuelose Kreatur. Sie kennt nur Leistung und Belohnung, flotte Sprüche, wegretuschierten Schweiß und strahlenden Erfolg. Widerstand kommt nur aus der Außenwelt, nie aus inneren Beschränkungen. Scheitern verstecken wir in den Kulissen. Reue geht uns nichts an. Wir lächeln weiter mit den gebleachten Zähnen, spitzen weiter die vollen Lippen, recken den prallen Busen weiter vor. Reue ist Lehm an unseren Stiefeln, damit läuft es sich so plump.

Wieder Reue empfinden dürfen, denke ich immer öfter. Wir wissen inzwischen, wie wichtig es ist, bewusst Dankbarkeit zu kultivieren. Ernst-Jan Pfauth, der Gründer von *De Correspondent*, schrieb darüber das beherzigenswerte *Dankboek* [Dankbuch]. Aber es gibt noch mehr altmodische Gefühle, die der Mühe des Wiederentdeckens wert sind.

Ich glaube, wir müssen uns die vergessene Kunst erarbeiten, Reue einzugestehen und zu zeigen. Nicht die permanent kultivierte Souveränität desjenigen, der nie etwas falsch gemacht hat, aber auch keine endlose Selbstkasteiung nach offenkundigem Unvermögen. Masochismus kann auch etwas Narzisstisches haben. Weder das »ich mache nie etwas falsch« noch das »ich mache sowieso nie etwas richtig«, sondern jenes seltene, mehr oder weniger erwachsene Bewusstsein dazwischen: Ich habe etwas versäumt, ich habe einen Fehler gemacht, mir wäre lieber, ich hätte es besser gemacht, aber nun ist es zu spät, und das bereue ich.

Seit ein paar Monaten quält mich eine Erinnerung an eigenes Versagen, vielleicht, weil ich heute, zwanzig Jahre später, bereit bin, ihm ins Auge zu sehen? Vielleicht, weil ich erst jetzt weiß, was ich hätte tun müssen?

Dass ich nicht angehalten habe damals auf der Autobahn, ich kann es nicht fassen. Was war nur in mich gefahren? Ich, der ich immer bereit war, mitten in der Nacht auf der Standspur zu stoppen, um einem Kleintransporter mit einer Panne zu helfen oder einen Anhalter mitzunehmen. Oft genug habe ich das getan. Warum nicht in jener Nacht? Ja, es war in der jähen Rechtskurve hinter Den Haag auf der Autobahn nach Leiden. Ja, es war spät und dunkel und ein anderer Wagen war direkt hinter mir. Ich fuhr mit Höchstgeschwindigkeit. Es ging alles so schnell, es dauerte höchstens eine Sekunde. Ich war zu Tode erschrocken. Aber sie war tatsächlich nackt, diese Frau. Hektisch gestikulierend, völlig überdreht, schon mit einem Fuß auf der ersten Fahrspur.

Zwanzig Minuten später war ich in meinem damaligen Dachzimmer in Leiden und rief die Polizei an. Ein Handy besaß ich noch nicht. Der Frau am Telefon gab ich den genauen Ort an, sie würden einen Streifenwagen hinschicken. Da saß ich in meinem verstörten Zustand. War es eine gefährliche Irre gewesen? Oder eine Frau, die gerade vergewaltigt worden war? War sie gerade über die Leitplanke gestiegen, um etwas oder jemandem zu entkommen? Ich werde es nie erfahren.

Den Vorfall vergaß ich mit der Zeit. Aber im vergangenen Jahr kam die Erinnerung daran immer öfter zurück. Diese blasse Frau mit den hochgerissenen Armen, dieser verwilderte Blick. Wie ich es auch drehe und wende, dort stand ein Mensch in Not und ich konnte nicht helfen, ich traute mich nicht, ich wusste nicht, wie ich helfen sollte. Und das bereue ich aufrichtig.

Wer Sie auch waren, Mevrouw, heute hätte ich sofort gebremst. Ich hätte Sie einsteigen lassen und Ihnen meinen Wintermantel gegeben. Sie hätten vielleicht gezittert und gebrüllt und geschluchzt und mich argwöhnisch angesehen, und ich hätte mich davon nicht beirren lassen. Langsam hätte ich mich wieder eingefädelt. Ich hätte Sie zu einer Polizeiwache gebracht, und auf dem Parkplatz dort hätte ich Ihnen aus dem Kofferraum ein paar Sachen von mir gegeben. Eine schwarze Jeans. Socken. Einen Pullover.

Hier, bitte, nehmen Sie sie nachträglich.

ODE AN
DIE FLUIDE SEXUALITÄT

Bon. Früher hatten wir eine Kategorie, Heterosexualität, und eigentlich war das nur eine halbe Kategorie: Der weiblichen Lust bot sie nicht viel Raum. Dann entwickelte sich mit viel Mühe so etwas wie Verständnis für weibliche Sexualität und mancherorts, noch viel mühsamer, für Homosexualität. Es kamen Kategorien hinzu: Männer, die Männer liebten, Frauen, die Frauen liebten, Menschen, die beide Geschlechter liebten. Das Wort holebi (Homosexuelle, Lesben und Bisexuelle) fasste es im Niederländischen zusammen. Im Englischen wurde die Abkürzung LGBT in den vergangenen Jahren erweitert zu, aufgepasst, LGBTQIAP+. Neben lesbian, gay, bisexual und trans sollte diese Abkürzung auch Queers, Intersexuelle, Asexuelle und Pansexuelle subsumieren. Und damit nicht alle sechsundzwanzig Buchstaben des Alphabets aufgebraucht waren, noch bevor man damit fertig war, sämtliche menschlichen Leidenschaften zu katalogisieren, wurde einfach das Pluszeichen angehängt.

Sind wir jetzt damit fertig? Immer mehr Verständnis für Diversität, ist das nicht eine gute Sache? Ja, sicher. Schön, dass es mehr Schubladen gibt. Trotzdem sind es immer noch Schubladen.

Was sind das für Zeiten, in denen wir Unterschiede offenbar nur respektieren können, indem wir jede Variante so schnell wie möglich einfrieden? Jedem sein Eckchen, ist das ein Schritt nach vorn? Ein Dating-Portal wie OkCupid hat inzwischen *zwanzig* Kategorien, aus denen Transpersonen wählen können: Gehörst du zu den Androgynen, den Genderfluids, den Hijras oder den Non-Binaries? Es hat etwas von viktorianischer Wissenschaft, dieser Hang zu Klassifikationen.

Das Gute an diesem Schubladendenken ist, dass es Gruppen sichtbar macht, die früher völlig im Schatten der heterosexuellen Norm verschwanden. Der Nachteil ist, dass es Menschenleben auf »Identitäten« reduziert, auf einen unveränderlichen Kern, mit dem man offenbar aufsteht und schlafen geht. Oder mehr noch, mit dem man geboren wurde und sterben wird.

Wir haben Diversität in der Breite akzeptiert, jedoch nicht in der Tiefe. Jeder darf anders sein, aber keiner darf sich mehr ändern. Wenn sich jemand outet, stand seine wahre Identität schon seit der Geburt fest. Wenn eine Person ihr Geschlecht ändert, hatte sie schon seit frühesten Kindertagen diesen Wunsch. Wenn eine Hetero-Frau um die zwanzig etwas mit einer Mitstudentin hatte, war das vorübergehendes Experimentieren.

Aber was wäre, wenn wir einmal ehrlich sind mit uns selbst und uns zu dem chaotischen Begehren bekennen, das die Sexualität so oft ist? Wer begehrt sein ganzes Leben lang dasselbe? Nicht bei jedem Menschen sind die Fantasien mit siebzig noch die gleichen wie mit siebzehn. Sehnsüchte können sich wandeln, Verlangen kann in viele Richtungen gehen. Sexualität wächst, genau wie Ohrmuscheln, weiter.

LGBTQIAP+? Von mir aus gern, füg ruhig noch ein paar Buchstaben hinzu, aber dann bitte auch Kleinbuchstaben und Satzzeichen und Leerzeichen und geschweifte Klammern und Gedankenstriche. Und auch noch chinesische Schriftzeichen, Keilschriftzeichen und Inka-Knoten. Zerknüll das Blatt, auf dem du geschrieben hast. Leg es in den Regen. Streich es glatt auf dem Rücken eines geliebten Menschen. Dann kommen wir irgendwo an.

ODE AN KOFI ANNAN

Ein Riese ist von uns gegangen. Denn seien wir ehrlich: Mandela, Obama, Kofi Annan, viel inspirierender wird es nicht. Es ist sicherlich Zufall, dass die größten Führungspersönlichkeiten unserer Zeit drei schwarze Männer sind – ich halte nichts von Identitätspolitik –, doch was diese Politiker miteinander verbindet, ist der Gedanke, dass es keine politische Autorität geben kann ohne moralische Autorität. Mit so etwas braucht man Mark Rutte und Charles Michel, den Premierministern der Niederlande und Belgiens, nicht zu kommen.

Politik im wahren, noblen Sinne des Wortes ist stets mehr als nur *problem management*. Zum Entscheiden und Verwalten gehört immer auch das Gestalten, das heißt: Die Gesellschaft nachhaltig und friedlich in Übereinkunft mit allen Beteiligten entsprechend einem kohärenten Satz von Werten und Prinzipien weiterzuentwickeln.

Als ich im Autoradio hörte, dass Kofi Annan im Alter von achtzig Jahren gestorben war, fühlte sich die Welt plötzlich ein Stück leerer an. Es hallt nun etwas mehr unter dem Sternenhimmel. Ein Vater ist von uns gegangen, ein Weltführer im wahren Sinne des Wortes, ein moralischer Kompass in zunehmend finsteren Zeiten.

Vor elf Monaten hatte ich das Privileg, Kofi Annan in der Amtswohnung des griechischen Präsidenten in Athen zu begegnen. Er hielt dort die Eröffnungsansprache des New York Times Democracy Forum, und diese brillante Ansprache war mehr als eine dem Prestige der Veranstalter dienende Gelegenheitsrede. Haarscharf analysierte Annan die Aushöhlung der Demokratie durch wachsende Ungleichheit, Korruption und legale Steuervermeidung. Er sprach mit *gravitas*, jenem ruhigen Ernst, der ihm eigen war. Auch dank seiner vollen, warmen Stimme und der würdevollen Diktion hielt er den Saal eine Stunde lang im Bann. Es war schlichtweg beeindruckend.

Als Generalsekretär der Vereinten Nationen, ein Amt, das er von 1997 bis 2006 innehatte, setzte er sich für die Stärkung der Demokratie weltweit ein, unter anderem durch die Gründung des UNDEF, des United Nations Democracy Fund. Länder können dort um Unterstützung bei der Demokratisierung ihrer Gesellschaft bitten. Bis heute ist dieser Demokratiefonds das einzige Organ der Vereinten Nationen, das das Wort »Demokratie« im Namen trägt.

Nach seiner Pensionierung führte Kofi Annan die Arbeit für mehr Demokratie weiter mit der in Genf ansässigen Kofi Annan Foundation sowie mit »The Elders«, einer von Nelson Mandela gegründeten Organisation ehemaliger führender Politiker, deren Vorsitzender er, Annan, war.

Unermüdlich, aber stets geduldig bereiste er die Welt, um – oft abseits des Rampenlichts – mit Regierungschefs zu sprechen und ihren Weg zur Demokratie zu unterstützen. Freie und faire Wahlen waren dabei wesentlich, doch in Athen rief er zum ersten Mal auf zu »mutigen und innovativen Reformen, um die Jugend, die Armen und die Minderheiten in das politische System zu integrieren«. Die wachsende Ungleichheit sei eine schlechte Sache, nicht nur ökonomisch, sondern auch politisch. Demokratie müsse nicht nur effizienter, sondern auch integrativer werden. Das sei möglich, wenn das alte Prinzip des Auslosens wieder eingeführt würde: »Parlamentarier würden dann nicht mehr von politischen Parteien nominiert, sondern nach dem Zufallsprinzip für begrenzte Zeit ausgewählt werden, so wie auch viele Jurygremien funktionieren. So würde verhindert, dass sich die politische Klasse von ihrer Wählerschaft entfernt und sich selbst bedient und aufrecht erhält.«

Ich fand es bemerkenswert, dass sich eine so etablierte Persönlichkeit so öffentlich für ein Losverfahren aussprach, eine Sache, mit der ich schon lange sympathisiere, doch die noch immer, völlig zu Unrecht übrigens, von einer nebulösen Aura der Extravaganz und damit mangelnder Vertrauenswürdigkeit umgeben ist.

Einer der sonderbarsten Jobs der Welt muss zweifellos der des Generalsekretärs der Vereinten Nationen sein. Man bekleidet die höchste Machtposition des Planeten, hat aber im Grunde nur begrenzte Macht. Die ganze Zeit ist man mehr Sekretär als General. Die fünf ständigen Mitglieder des Sicherheitsrates haben noch immer das lächerliche Vetorecht. Versuche, diese Nachkriegsinstitution zu verändern, sind unweigerlich mit der Macht jener konfrontiert, die einen Sitz darin haben. Großmächte halten einen zum Narren, so wie Bush jr., der ohne UN-Mandat in den Irak einfiel. Man will der Welt dienen, hat es jedoch mit Staaten zu tun, deren Handeln immer von Eigeninteresse geleitet ist.

Bei diesem unmöglichen Balanceakt genügt es nicht, ein brillanter Diplomat zu sein. Nur mit Geduld und großer moralischer Autorität kann man etwas ausrichten. Diese Qualitäten besaß Kofi Annan in reichem Maße. Es ist kein Zufall, dass die beiden besten Generalsekretäre, die die Vereinten Nationen jemals hatten – der Schwede Dag Hammerskjöld und der Ghanaer Kofi Annan –, von einem tief verwurzelten Universalismus und Humanismus aus wirkten.

Doch wir wollen nicht idealisieren. Kofi Annan konnte während seiner Jahre als Spitzendiplomat bei der UNO weder die Genozide in Ruanda (1994), Srebrenica (1995) und Darfur (2003) noch den Angriff auf den Irak (2003) verhindern. Nachdenkliche Weisheit geht mit einem hohen Preis einher. So, wie wir bei Mandela nie vergessen dürfen, dass er derjenige war, der den Anti-Apartheid-Kampf mit bewaffnetem Kampf und Anschlägen erweiterte, so wie wir bei Obama nie das militärische Auftreten in Afghanistan vergessen dürfen, dürfen wir bei Kofi Annan nie vergessen, dass er Unter-Generalsekretär für Friedenssicherungseinsätze bei der UNO war, als der Völkermord in Ruanda ausbrach. Als der Kommandeur der Blauhelmtruppen in Ruanda, Generalmajor Roméo Dallaire, riesige Waffenarsenale der Hutu-Regierung entdeckte, hielt Annan es nicht für notwendig, diese Berge von Macheten vernichten zu lassen: eine katastrophale Fehleinschätzung. Im April 1994 wurden zehn belgische Blauhelme in der Hauptstadt Kigali ermordet, worauf sich die UNO-Truppen zurückzogen und der Genozid erst richtig wütete. Drei Monate später waren etwa eine Million Menschen ermordet worden, mit Zehntausenden Macheten, die Annan hätte konfiszieren und zerstören lassen müssen.

Dieses Massaker wird für immer als dunkler Schatten über Kofi Annans Leben und Wirken schweben. Vielleicht blieb er deshalb so bescheiden. Vielleicht setzte er sich deshalb bis ans Ende seiner Tage für Demokratie, Frieden und Verständigung ein. Vielleicht hatte er etwas wiedergutzumachen. Im September 2018 sollte er erneut in Athen sprechen.

Als ich auf dem Empfang letztes Jahr kurz mit ihm reden konnte, fiel mir auf, wie melancholisch er eigentlich war. Ein Mann von wenig Worten, ein Mann mit großen Werten, ein Mann mit tiefen Wunden. Man konnte seinen Schmerz beinahe fühlen. Doch bei diesem von vornherein zum Scheitern verurteilten Versuch, das Nichtwiedergutzumachende wiedergutzumachen, zu heilen, was unwiederbringlich zerstört war, entfaltete sich eines der beeindruckendsten öffentlichen Engagements unserer Zeit.

Die Rede The Crisis of Democracy *ist auf der Website der Kofi Annan Foundation zu finden.*

ODE AN DEN BIERDECKEL

Bis vor Kurzem wusste ich nicht mal, ob es sich um einen Mann oder eine Frau handelte. Ein Mann, erfuhr ich. Ich weiß nicht, wie alt er ist, wie er aussieht, wie sein richtiger Name lautet – oder ist Tzenko vielleicht sein Vorname? Klingt ziemlich balkanmäßig für einen Skandinavier. Ich weiß, dass er in Schweden lebt und Niederländisch lesen kann. Manchmal stelle ich ihn mir als eine ältere, hemingwayhafte Figur vor, die sich in einer Blockhütte zwischen Birken über einen farbverschmierten Zeichentisch beugt. Ein andermal sehe ich ihn als einen Post-Hipster mit schwerer Hornbrille und einer hübschen, blonden niederländischen Freundin vor mir, beide wohnhaft in iCloud.

Ich weiß es nicht, und eigentlich ist mir das auch recht.

Seit ich mit diesen Oden begann, steuerte Tzenko Mal um Mal

eine Illustration bei. Nicht ein einziges Mal habe ich ihn angerufen, ihm gemailt oder ihn getroffen. Alles lief über Amsterdam. Erst dachte ich, dass er irgendein Softwarepaket benutzte, um Fotos in Zeichnungen umzuwandeln. Ich hatte einmal gesehen, wie man aus einem verkorksten Foto mit einem Klick ein noch viel verkorksteres Aquarell machen kann, so etwas würde es bestimmt auch für Federzeichnungen geben.

Bis ich mir seine Arbeiten aufmerksamer ansah: Diese Schattenpartien waren teuflisch gut gemacht, diese Zungenspitze schien tatsächlich vom Speichel zu glänzen, diese Finger sahen wirklich aus wie auf einer analogen Zeichnung. Das war doch nicht möglich? In so kurzer Zeit?

»Doch, wirklich, er zeichnet alles mit der Hand.« Der Bildredakteur war sich ganz sicher. »Aber nicht auf einem Bierdeckel, denke ich. Ich glaube, er überträgt es später darauf.«

Wie ist das möglich, denke ich, eine so verblüffende Zeichentechnik mit stets guten Einfällen zu verknüpfen? Eine Illustration muss ja mehr können als nur illustrieren. Die Zeichnung muss sowohl neben als über der Story stehen. Sonst wäre sie nur Dekoration.

Ist es unangebracht, das Lob eines Kollegen zu singen? Bestimmt, aber das kann mich nicht um den Schlaf bringen. Wenn etwas gut ist, ist es gut. Abgesehen davon, was ist das, ein Kollege, in Zeiten global tätiger Freelancer? Er arbeitet von Schweden aus, ich von Brüssel oder Berlin. Er ist mir genauso fremd wie Ihnen.

Und eigentlich gefällt mir das ganz gut, diese Unkenntnis. Heute, wo wir alles über einen Menschen erfahren können, sobald wir seinen Namen wissen, ist Nicht-Wissen wieder eine Form von Luxus. Es regt die Neugierde an, wieder altmodisch unwissend zu sein, es ist ein bisschen wie Fahren ohne Navi.

ODE AN DAS LEBEN

Und plötzlich fand ich sie nachts unter meinen Nachrichten. Nach all den Jahren. Eine »Freundschaftsanfrage«. Bisschen spät, nicht wahr? Ich stehe wieder in jenem überfüllten Club in Utrecht, geschrumpft auf mein wahres Ich. Was hatte ich denn eigentlich erwartet? Ich bin extra aus Brüssel angereist und betrachte das inzwischen als meinen dümmsten Schritt seit Jahren. Schon seit eineinhalb Stunden tanzt und flirtet sie vor meinen Augen mit einem bildhübschen Typ. Ich tue so, als mache es mir nichts aus, und vertiefe mich noch enthusiastischer ins Gespräch mit einigen ihrer Freunde. Cool und souverän wie ich bin, immer bereit zu einer tiefschürfenden Diskussion über den Zustand der Welt. Aus dem Augenwinkel sehe ich, dass sie an seinem Hals hängt und schallend lacht. Warum hat sie mich überhaupt eingeladen?

»Es ist lange her«, probiere ich locker.

»Ja! Sehr lange!«, antwortet sie.

Ein paar Nachrichten hin und her. Und plötzlich süße Worte, die knirschen: »Weißt du, dass ich dich wirklich sehr mochte ... als wir uns noch manchmal getroffen haben.«

Ich sehe mir ihr Profil an. Neuere Fotos mit immer demselben Mann neben ihr. Er wirkt sympathisch. Sie ist noch hübscher als früher. Auch Fotos von Kindern.

Was für ein Wasserlauf ist ein Menschenleben? Von wie wenig hängt es ab? Ein einziger Stein auf halber Strecke, und schon verlagert sich das Flussbett. Anderes Tal, andere Strömung, anderes Leben. Hätte ich doch nur, hätte sie doch nicht ...

»Hätte, hätte, hätte! Hätte meine Tante Räder gehabt, wäre sie ein Fahrrad gewesen.« Westflämische Volksweisheit.

Langes Zögern vor einer angemessenen Antwort. Dass ich so schrecklich verliebt war in sie – darf ich das jetzt endlich sagen?

Ein paar Monate vor dem miserablen Abend in diesem Club hatten wir uns in *De Balie* kennengelernt. Sie stand mit ihrem Drink am Tresen, ich kam und wollte etwas bestellen. Dass ich hin und weg war, überspielte ich mit einem flockigen Spruch, darin bin ich gut. »Trinkst du immer so ein Zeug?« Bierdeckel eingeheimst. Abends die Finger wund gegoogelt. Mon dieu. Was für eine schöne, kluge, passionierte Frau.

»Du hast den ganzen Abend mit einem anderen Typ getanzt.«

»Echt?«

»Na hör mal!«

»Ich weiß genau, welchen Abend du meinst.«

»Ganz demonstrativ!«

»Ich fand, dass du dich nur mit meinen Freunden unterhalten hast.«

»Du hast mich völlig ignoriert.«

Lange Pause. Dann sehe ich, dass sie eine Antwort schreibt.

»Ich schüttle jetzt buchstäblich den Kopf.«

»Ja, ich auch.«

Wieder eine Pause. Und dann: »Ich versuch mich gerade angestrengt zu erinnern, wer dieser Typ war.«

Ich weiß noch genau, wie gekränkt ich ins Auto gestiegen war. Die Nacht noch zu lang, Belgien noch zu weit, das Leben noch zu leer. Zimmer gemietet in einer Trucker-Herberge an der Autobahn. Die Grenze zwischen Belgien und den Niederlanden: eine Art Niemandsland mit Asphalt und Selbsthass. Kahles weißes Zimmer mit leerem weißem Kühlschrank. Plastikbecher in Plastikfolie. Blödes Weib. Nein, lächerlicher Ich. Orangefarbene Lampen draußen, das Knattern startender Trucks.

* * *

Vorige Woche haben wir uns zum Lunch getroffen. Wir hatten uns fast zehn Jahre nicht mehr gesehen. Weil es sinnlos ist, sich über schrecklich verpasste Gelegenheiten zu grämen, beschließen wir, das Wiedersehen zu feiern. Sie ist sanfter geworden, merke ich. »Durch die Kinder«, sagt sie. Ich nicke. Dann kommen die Geschichten, endlos viele Geschichten, es ist wieder wie früher, wie dieses erste Mal. Nein, es ist besser. Es braucht niemand mehr verführt zu werden. Wir sind wärmer und freier denn je. Mussten wir früher auch so oft lachen? Legte sie damals auch manchmal ihre Hand auf meinen Arm? Ich kann mich nicht daran erinnern.

Wir sind fertig mit Essen. Der Prosecco schmeckt immer besser. Das Herbstlicht wird milder. Wir sehen einander an, lachen über all unsere Torheiten und feiern das unermessliche, funkelnde, verblüffende und unwiderstehliche Leben.

NACHWORT

Oden an die Linkshändigkeit, meine Bergschuhe, die radikale Liebe, den Sexshop, Büroartikel, die Höhle von Rouffignac, den Zeppelin, die Saga von Njáll, den Nebel überm IJ, das Gilgamesch-Epos und die 4,5-Volt-Batterie werden Sie hier nicht finden. Sie stehen aber, zusammen mit rund hundert anderen möglichen Themen, auf einer noch immer wachsenden Liste in meinem Smartphone. Oden schreiben – ich kann es nur empfehlen: Es macht einen aufmerksamer, begeisterungsfähiger, neugieriger und dankbarer. Ode an die Ode, kurz gesagt.

Die hier zusammengetragenen Texte erschienen alle in den Jahren 2015 bis 2018 auf der Website *De Correspondent*. Ich schrieb sie oft unterwegs, oft mit der Hand. Für diese Edition bekamen manche einen anderen Titel oder wurden etwas überarbeitet. Ich danke Chefredakteur Rob Wijnberg für das gemeinsame Brainstorming über ein Konzept, das es mir erlaubt, zu bestimmten Zeiten über alles Mögliche zu schreiben. Journalismus muss es wagen, nicht nur kritisch, sondern auch lyrisch zu sein, fanden wir. Innerhalb des wunderbaren Teams von *De Correspondent* danke ich insbesondere Rosan Smits, Sterre Sprengers, Maaike Goslinga, Karel Smouter, Jesse Frederik, Rutger Bregman, Maite Vermeulen, Maurits Martijn, Bregje Hofstede und Nina Polak für die vielen anregenden und gehaltvollen Gespräche. Andreas Jonkers und Anna Vossers zeichneten für die Schlussredaktion verantwortlich. Bei De Bezige Bij sorgten Haye Koningsveld, Liesje Bruin, Lotte Akkerman und Pascalle Veltstra für die Redaktion und den Druck der Buchedition. An alle: meine Hochachtung!

BILDNACHWEIS

Alle Bierdeckel zeichnete Tzenko, Stockholm.

Seite 26-29: Sam Dillemans, *Porträt Mariss Jansons*, 2014, © Sam Dillemans, Foto: Wim Van Eesbeek
47: Olafur Eliasson, *Riverbed*, 2014, © Louisiana Museum of Modern Art, Foto: Anders Sune Berg
48: Hallerbos im April, © Kenny De Boeck
49: Claude Monet, *Nympheas, reflets verts (partie gauche,)*, ca. 1917-1921, © Musée de l'Orangerie, Paris
50: Robert Weingarten, *Jackson Pollock #2*, 2007
58: Anne Teresa De Keersmaeker, *Work/Travail/Arbeid*, © Herman Sorgeloos/Rosas
69: Sony Labou Tansi, © Archives Francophonies en Limousin, Foto: Christophe Laurentin
77: Raphael Lemkin nach dem Zweiten Weltkrieg, © Arthur Leipzig
177: Wendy Rene, Plattenhülle *After laughter comes tears*
182-183: William Kentridge, *More Sweetly Play the Dance*, 2015 (Videoinstallation), mit freundlicher Genehmigung von William Kentridge und Marian Goodman Gallery, New York
197: Max Liebermann, *Die Gartenbank*, 1916, © Nationalgalerie, SMB/bpk, Berlin, Foto: Andres Kilger
199: Joseph Mallord William Turner, *Distant View of Llanthony Abbey*, 1792, © Tate, London 2019
200 oben: Joseph Mallord William Turner, *Llanthony Abbey, Monmouthshire*, 1792, © Collection Indianapolis Museum of Art, Hugo O. Pantzer
unten: Joseph Mallord William Turner, *Llanthony Abbey*, 1794, © Tate, London 2019
201: Joseph Mallord William Turner, *Llanthony Abbey, Monmouthshire*, 1834, © Collection Indianapolis Museum of Art, Kurt F. Pantzer
202: Joseph Mallord William Turner, *Llanthony Abbey*, ca. 1834, © Tate, London 2019
203: Joseph Mallord William Turner, *Snow Storm – Steam-Boat off a Harbour's Mouth*, o. D., © Tate, London 2019